la population française

aux XVIe, XVIIe, XVIIIe siècles

BENOIT GARNOT

Professeur à l'Université de Bourgogne

la population française

aux XVIe, XVIIe et XVIIIe siècles

Préface de François LEBRUN

2e édition, 1992

SYNTHÈSE Σ HISTOIRE

OPHRYS

Collection SYNTHÈSE Σ HISTOIRE

animée par Didier POTON et Benoît GARNOT

Benoît GARNOT : *La population française aux XVIe, XVIIe et XVIIIe siècles.*
Jean-Claude GÉGOT : *La population française aux XIXe et XXe siècles.*
Benoît GARNOT : *Les villes en France aux XVIe, XVIIe et XVIII^esiècles.*
Patrick LAGOUEYTE : *La vie politique en France au XIXe siècle.*
Geneviève GAVIGNAUD : *Les campagnes en France au XIXe siècle.*
Geneviève GAVIGNAUD : *Les campagnes en France au XXe siècle.*
Monique COTTRET : *La vie politique en France aux XVIe, XVIIe et XVIIIe siècles.*
Françoise BAYARD, Philippe GUIGNET : *L'économie française aux XVIe, XVIIe et XVIIIe siècles.*

A paraître :

Paul CALVANI, Jean-François DUNEAU : *Les villes en France des origines à la fin du Moyen Age.*
Albert BRODER : *L'économie française au XIXe siècle.*
Florence BOURILLON : *Les villes en France au XIXe siècle.*

ISBN : 2-7080-0589-8

© Editions Ophrys, 1988

OPHRYS, 6, avenue Jean-Jaurès, 05002 GAP CEDEX
OPHRYS, 10, rue de Nesle, 75006 PARIS

Avertissement

Le sens des mots suivis d'un astérisque est expliqué dans le lexique situé à la fin du livre. Ces mots ne sont suivis d'un astérisque que lors de leur première apparition dans chaque chapitre.

Préface

La démographie historique est une science jeune. C'est dans les années 1950 que, conjointement, mais séparément, le démographe Louis Henry et l'historien Pierre Goubert ont eu l'idée d'exploiter de façon systématique l'état civil ancien, c'est-à-dire les registres de baptêmes, mariages et sépultures tenus par les curés de paroisse de la France d'Ancien Régime. Dans la brèche ainsi ouverte, de nombreux chercheurs se sont engouffrés, en quête des réalités démographiques anciennes. Le XVIIIe siècle a été exploré en priorité, du fait de la qualité des registres conservés. Mais bientôt, les chercheurs se sont aventurés en amont. En même temps, la démographie historique ne se contentait pas de conquérir peu à peu tout le terrain qui lui revenait, elle franchissait très vite ses propres frontières et provoquait un renouvellement des disciplines voisines. Comment, en effet, au-delà des structures de la population et des faits de conjoncture, l'historien démographe — historien avant d'être démographe — n'aurait-il pas cherché les facteurs d'explication au mouvement saisonnier des mariages, à l'illégitimité ou aux conceptions prénuptiales, du côté de l'histoire religieuse et culturelle ? Ainsi, depuis plus de trente ans, s'est élaborée peu à peu une véritable anthropologie historique de la France d'Ancien Régime.

Aujourd'hui, semble venu le temps des synthèses, provisoires, certes, mais nécessaires pour mesurer le chemin parcouru, faire le point des acquis, rectifier les propositions hasardeuses, prendre conscience des vides que la recherche devra s'efforcer de combler. Ce n'est donc pas un hasard si, quelques mois après la publication des deux premiers tomes de la monumentale Histoire de la population française, *dirigée par Jacques Dupâquier, paraît ce petit livre de Benoît Garnot, que j'ai l'honneur de présenter. Les deux entreprises, qui se situent à des échelles fort différentes, loin de se faire concurrence, apparaissent comme complémentaires. Le tome II de l'His-*

toire de la population française, *consacré à la France d'Ancien Régime, est un gros livre de 600 pages qui, sous la plume d'une vingtaine de collaborateurs, se fait l'écho direct des centaines de livres et d'articles publiés depuis trente ans et répertoriés dans les notes et bibliographies de fin de chapitres. Le but de Benoît Garnot était évidemment différent, puisque c'est en une centaine de pages qu'il a voulu faire le point à partir de ces mêmes travaux. Mais que l'on ne s'y trompe pas : il est très difficile de résumer sans trahir, et ce petit livre, qui s'appuie sur une connaissance quasi exhaustive de tout ce qui a été écrit sur le sujet, réussit ce tour de force de présenter avec aisance et sûreté la quintessence d'informations dispersées.*

Aucun des thèmes impliqués par le titre n'est éludé, et c'est ainsi que dans une première partie, intitulée « Le point sur le sujet », l'auteur étudie successivement l'évolution et les structures de la population, la nuptialité, en soulignant le rôle capital du mariage tardif, la natalité et la diffusion progressive de la contraception, présentée à la lumière des travaux les plus récents, la mortalité, caractérisée par l'énorme mortalité des enfants et la surmortalité des temps de crise. Sous ce plan très classique, les phénomènes envisagés sont étudiés dans leur dimension non seulement démographique, mais aussi anthropologique. A propos de la mortalité, par exemple, l'art de guérir et les divers recours dont disposaient les contemporains de Louis XIV et de Louis XV sont évoqués brièvement.

Mais Benoît Garnot a voulu doubler sa mise au point d'une deuxième partie, intitulée « Initiation à la recherche ». A l'étudiant d'histoire préparant un mémoire de maîtrise de démographie historique, à l'enseignant de collège ou de lycée soucieux de montrer à de jeunes élèves comment s'écrit l'histoire à partir de registres paroissiaux, à l'honnête homme curieux du passé de sa région ou à la recherche de ses ancêtres, il fournit un guide sommaire, mais très utile, sur les techniques d'exploitation de l'état civil ancien, illustré d'exemples qui viennent, de surcroît, éclairer et compléter tel développement de la première partie. Enfin, un précieux lexique et une bibliographie volontairement sélective complètent le livre.

Auteur d'une thèse d'Etat sur Chartres au XVIIIᵉ siècle, professeur de collège, puis de lycée, longtemps chargé du service éducatif des Archives départementales d'Eure-et-Loir, aujourd'hui professeur à l'Université de Dijon, Benoît Garnot était particulièrement armé pour tenter l'aventure d'un tel manuel, à la fois synthèse et guide. Il a parfaitement réussi et il reste à souhaiter à son livre les nombreux lecteurs qu'il mérite.

François Lebrun

Première partie :

Le point sur le sujet

Introduction

La démographie* historique en France est une science jeune et très active. Elle constitue aujourd'hui l'un des points forts des sciences humaines, grâce aux résultats qu'elle a obtenus depuis une trentaine d'années.

Les historiens démographes contemporains n'ont pas inventé de toutes pièces leur discipline. Dès les XVIIe et XVIIIe siècles, des esprits curieux, comme Vauban, Saugrain, ou encore l'abbé d'Expilly, s'intéressent aux problèmes de population. Au XIXe siècle, plusieurs ouvrages sérieux sont publiés sur ce sujet, comme ceux de Levasseur. Pourtant, l'historien Armand Brette peut écrire en 1904 qu'« il est aussi vain de chercher à connaître la population de la France en 1789 que de calculer le nombre des animaux enfermés dans l'arche de Noé ». La démographie générale se constitue pendant la première moitié du XXe siècle, sans que l'immense majorité des historiens se sente alors concernée, à l'exception d'Ernest Labrousse et de Jean Meuvret.

Il faut attendre le début des années 1950 pour que l'élan décisif soit enfin donné. Le démographe Louis Henry et l'historien Pierre Goubert ont alors l'idée, chacun de son côté, de tirer massivement parti des registres paroissiaux* d'état civil ancien. Ils publient, entre 1952 et 1954, trois articles, l'un de Louis Henry, les deux autres de Pierre Goubert, qui invitent les chercheurs à utiliser ces « masses dormantes » pour une meilleure connaissance de la population française d'Ancien Régime. En 1956, Louis Henry fait paraître, avec Michel Fleury, un manuel de dépouillement et d'exploitation de l'état civil ancien, depuis constamment réédité et enrichi, et étudie en 1958 la paroisse* normande de Crulai. Pierre Goubert publie en 1960 sa thèse consacrée au Beauvaisis au XVIIe siècle, où la démographie occupe une place fondamentale.

9

La démographie historique est née. Les études se multiplient, dans le sillage des travaux des deux précurseurs, dont certaines des premières conclusions sont aujourd'hui contestées par leurs épigones. Mais peu importent ces polémiques. L'essentiel est bien que le travail accompli depuis un peu plus de trente ans est considérable. Il permet de décrire aujourd'hui la composition et l'évolution de la population française pendant l'Ancien Régime, c'est-à-dire du début du XVIᵉ siècle jusqu'à la veille de la Révolution.

Cette description, comme toujours en histoire, n'est ni définitive ni exhaustive. Notre savoir est très inégal, selon les époques et les régions. Le XVIᵉ siècle demeure mal connu presque partout, faute de sources, à l'exception notable de la Bretagne; le XVIIᵉ siècle est un peu mieux loti, du moins après 1670; mais c'est seulement à partir de 1740 que les historiens disposent, presque partout, de documents abondants, bien qu'encore insuffisants, les registres paroissiaux. A cette inégalité chronologique, il faut ajouter une inégalité géographique : quelle que soit l'époque considérée, certaines régions ont fait l'objet de recherches plus importantes que d'autres; nous connaissons bien mieux l'histoire démographique du Bassin Parisien que celle du Midi méditerranéen. De plus, nos connaissances progressent et se modifient au fur et à mesure des découvertes nouvelles. Le tableau qui va être ici dressé de la population française sous l'Ancien Régime n'est que le bilan des connaissances actuelles. Il eût, sur de nombreux points, beaucoup surpris il y a seulement quelques années, tant la recherche récente a permis de faire évoluer le savoir; mais plusieurs questions restent encore contestées, et les travaux à venir modifieront peut-être la vision que nous en avons aujourd'hui.

Partant des réalités telles qu'elles se présentent, nous décrirons dans un premier chapitre l'évolution et les structures de la population. Il s'agira ensuite de les expliquer; ce sera le but des trois chapitres suivants, qui analyseront les trois composantes essentielles des comportements démographiques : la nuptialité, la natalité et la mortalité. La matière de ces quatre chapitres est empruntée aux nombreux travaux universitaires, thèses et mémoires, qui ont été réalisés en démographie historique depuis quelques décennies, ainsi qu'aux grandes enquêtes faites sous l'impulsion de l'Institut National d'Etudes Démographiques. Elle sera exposée avec le souci de lier l'histoire démographique, au sens strict, à l'ensemble de l'histoire sociale : l'historien démographe doit être d'abord un historien, qui n'utilise pas les techniques de la démographie comme une fin en soi, mais dans le but de mieux connaître la vie réelle des sociétés anciennes.

Chapitre 1 : Evolution et structures de la population

Combien d'habitants comprenait, aux XVIe, XVIIe et XVIIIe siècles, la population de la France ? Comment se répartissait-elle ? Quelle était sa composition ?

Le nombre des habitants

Les esprits éclairés du XVIIIe siècle croyaient à la baisse inéluctable de la population française; il n'en était rien. Les historiens, quant à eux, en ont longtemps présenté une histoire en deux temps : d'abord, de 1500 (et même 1300) à 1740, une stabilité du nombre des habitants, appelée « croissance zéro » ou « histoire immobile »; puis, dans la deuxième moitié du XVIIIe siècle, une croissance rapide et irrésistible, symptôme d'une « révolution démographique ». Aujourd'hui, il n'est plus possible de considérer comme exacte cette périodisation : si la hausse de la population française s'affirme à partir de 1750, elle a commencé bien plus tôt et n'a, en réalité, jamais cessé depuis 1500.

Une hausse modérée de 1570 à 1740

Le chiffre total de la population du royaume est difficile à connaître au début de notre période, vers 1500. Les estimations varient entre 15 et 18 millions d'habitants. Vers 1600, dans le cadre des frontières actuelles, le nombre des habitants aurait été de 18 à 20 millions, de 21,5 millions en 1690-1700 - c'est-à-dire un peu plus que les 19 millions auxquels l'estimait Vauban à la même époque -, autour de 22,5 millions en 1710, et de 24,6 millions en 1740.

Sur le court terme, au fil des années, les variations du nombre des habitants pouvaient être brutales, de l'ordre de deux à trois millions en moins ou en plus en quelques années. Ces brusques oscillations sont dues aux crises démographiques*, puis aux récupérations qui les suivent. Quand se produit une crise importante, comme celle de l'« Avénement », entre 1660 et 1663, ou celle de 1693-1694, le très grand nombre des décès fait baisser la population au-dessous de 20 millions; dans les années qui suivent, le niveau antérieur à la crise est vite retrouvé, puis dépassé. Mais ces mouvements conjoncturels, pour violents et tragiques qu'ils soient, n'arrêtent pas durablement la lente progression.

Une hausse plus importante dans la seconde moitié du XVIIIe siècle

C'est surtout à partir des années 1750-1770 que se produit une certaine accélération de la hausse de la population française, qui compte, selon les estimations les plus récentes, autour de 25,7 millions d'habitants en 1760, 27,5 millions en 1780, et 28,1 millions en 1790. A l'intérieur même de ces quelques décennies, il est possible de distinguer deux périodes : de 1750 à 1780, la croissance est rapide, avec 100.000 habitants supplémentaires par an en moyenne; mais elle se ralentit de 1780 à 1790, avec une hausse annuelle qui se limite à 55.000 habitants. Cet infléchissement positif est surtout dû à l'atténuation très nette de la violence et de la fréquence des crises démographiques, qui brisaient à intervalles irréguliers la hausse de la population pendant le siècle précédent.

Au total, entre 1500 et 1790, la population française a augmenté de 55 % à 80 %, sans qu'il soit possible de préciser davantage, faute de connaître le niveau de départ. La hausse est donc nette, mais inégale selon les époques : elle aurait été de 20 % à 30 % entre 1500 et 1600, de 15 % entre 1600 et 1700, et de 30 % entre 1700 et 1790. La périodisation la plus pertinente est la suivante : hausse soutenue de 1500 à 1570, hausse modérée de 1570 à 1710, hausse soutenue, puis assez rapide, de 1710 à 1790. En définitive, il n'y a donc pas eu de rupture démographique brusque d'une période à l'autre, mais d'importants infléchissements à l'intérieur d'une progression d'ensemble. La nette accélération de la hausse à partir des années 1750 ne constitue pas une révolution démographique, mais marque quand même une différence notable avec le siècle et demi qui l'a précédée.

12

Vers 1700, un Européen sur quatre vivait à l'intérieur des frontières actuelles de la France; le royaume était alors un géant démographique. Mais l'accroissement du XVIIIe siècle, s'il est important, l'est beaucoup moins que dans certaines autres régions d'Europe, comme l'Irlande (+110 %), la Russie d'Europe (+80 %), la Suède (+67 %), ou encore l'Angleterre (+61 %). L'importance relative de la population française a diminué en 1790 par rapport à 1700; elle regroupe pourtant encore un cinquième des Européens, ce qui confère à ses dirigeants une force très importante par rapport aux pays voisins; la Révolution et l'Empire sauront en profiter.

La répartition de la population

A l'intérieur des évolutions générales, la diversité régionale est la règle; il existe de nettes différences locales, parfois même d'une paroisse à sa voisine. Mais nous ne percevons clairement, dans l'état actuel de la recherche, que les différences entre les provinces; elles concernent les densités, la répartition entre ruraux et citadins, et les phénomènes migratoires, dont l'évaluation est difficile et certainement incomplète.

Les densités

Vers 1700, première date où les renseignements sont fiables, les densités de population les plus importantes se rencontrent surtout dans le quart nord-ouest du royaume. Les généralités* de Lille, Amiens, Rouen, Alençon, Caen et Paris ont des densités supérieures à 80 habitants par km², et celle de Rennes entre 60 et 80 habitants par km². Ailleurs, seuls la Saintonge, le Lyonnais et l'Auvergne atteignent des chiffres comparables. A l'inverse, le Poitou, la Sologne, le Berry d'une part, les Alpes et la Provence d'autre part, ainsi que l'Alsace, connaissent des densités inférieures à 40 habitants par km². Tout le reste du royaume, soit le Sud-Ouest et le Midi aquitain, l'ouest et le sud du Massif central, les régions de la Loire moyenne, et les plateaux de l'est du Bassin Parisien et le Jura, a des densités intermédiaires, entre 40 et 60 habitants par km².

Par comparaison avec 1700, et en se fondant sur le nombre des feux* ou sur celui des baptêmes quand ils existent, il est possible de remonter un siècle en arrière et d'estimer la répartition de la population vers 1600,

13

mais sans certitude absolue, nos renseignements étant peu sûrs : il ne sera d'ailleurs pas possible de connaître la situation au XVIᵉ siècle. Les densités sont inférieures vers 1600 à celles de 1700 d'un quart dans le Midi et dans l'Ouest, et d'un dixième en Ile-de-France; à l'inverse, elles sont nettement supérieures à celles constatées 100 ans plus tard dans le Nord et l'Est. L'augmentation modérée du nombre des habitants pendant le XVIIᵉ siècle a donc été très inégale selon les régions, en fonction de la conjoncture; ainsi, les provinces de l'Est ont souffert énormément de la guerre, perdant des habitants, alors que la croissance s'est affirmée ailleurs.

Après 1700, l'évolution est encore très variable selon les régions. La population double dans les provinces frontalières, rattachées tardivement au royaume, qui avaient été dévastées au milieu du XVIIᵉ siècle, comme l'Alsace : elles rattrapent leurs pertes et comblent leur retard. L'augmentation est limitée à 15 % dans le Midi, ainsi qu'en Bretagne et en Normandie : le quart Nord-Ouest maintient donc sa prééminence, mais perd une partie de son avance. Les autres provinces connaissent une situation intermédiaire : +50 à 75 % du Berry au Lyonnais et dans le Sud-Ouest, +30 % dans la région parisienne, le Soissonnais, ou le Dauphiné. En 1790, la répartition relative de la population sur le territoire ressemblait davantage à celle de 1600 qu'à celle de 1700, un large degré au-dessus.

Ruraux et citadins

La population française est composée de plus de 80 % de ruraux, ce qui va de soi dans une économie essentiellement paysanne et très peu mécanisée. La plupart des villages sont petits; un quart des communautés rurales du Bassin Parisien compte moins de 100 feux en 1725-1726, plus de la moitié a moins de 200 feux. Dans cette même région et à la même date, la population urbaine ne fournit que 20,4 % du total des habitants.

Le nombre des citadins a crû fortement au XVIIᵉ siècle. Vers 1675, la France aurait compté, dans ses frontières actuelles, à peu près 17,9 millions de ruraux et 4 millions de citadins. Vers 1700, moins de vingt villes dépassent les 30.000 habitants. Paris en compte environ 530.000. Il est suivi, très loin derrière, de Lyon (97.000 habitants), Marseille (75.000), Rouen (64.000) et Lille (55.000); Bordeaux, Nantes, Orléans et Toulouse ont plus de 40 000 habitants; Caen, Amiens, Angers, Rennes, Tours et Metz en comptent entre 30 000 et 40 000.

14

Document : LES DENSITES DE POPULATION VERS 1700
Dupâquier (J.), *Histoire de la population française,* Paris, 1988, P.U.F.

> 50   50 - 40   40 - 30   30 - 20   20 - 10 h./km²

510 000   > 50 000   > 30 000   > 20 000   > 10 000 h.

La population des villes stagne au début du XVIIIᵉ siècle, puis recommence à augmenter rapidement. En 1735, les ruraux devaient être une vingtaine de millions, et les citadins à peu près 4,4 millions. Après 1740, le développement s'accélère, puisque la population urbaine augmente de 45 % entre 1700 et 1789, contre 30 % pour celle du royaume. Ainsi, Paris passe de 505.000 habitants en 1715 à 600.000 en 1789, Lyon de 97.000 habitants en 1700 à 150.000 en 1780-1789, Marseille de 75.000 à la veille de la peste de 1720 à 110.000 en 1794, Bordeaux de 45.000 vers 1715 à 110.000 en 1790, Nantes de 40.000 vers 1700 à 80.000 en 1789, etc. Cette hausse importante touche surtout les cités qui bénéficient de l'expansion économique et commerciale de la période, et parmi elles les ports.

L'accroissement de la taille des villes au cours du XVIIIᵉ siècle ne doit pourtant pas être généralisé. Certaines, qui connaissent des problèmes économiques ou qui manquent de dynamisme, stagnent ou déclinent, comme Chartres, qui passe de 15.712 habitants en 1709 à 13.121 en 1790. Quelques-unes s'effondrent même, comme Saint-Malo, dont la population baisse de 25.000 habitants en 1701-1710 à 12.000 en 1751-1760.

Là où il se produit, l'essor urbain du XVIIIᵉ siècle est la conséquence d'un exode rural. Bordeaux gagne environ 50.000 habitants de 1747 à 1790, alors que le bilan naturel* y est négatif. C'est dire l'importance des phénomènes migratoires.

Les phénomènes migratoires

Même si la stabilité des habitants est le fait dominant, les phénomènes migratoires ne sont pas négligeables : les migrations de population peuvent être définitives, permanentes, saisonnières ou temporaires, ou encore conjoncturelles.

L'émigration définitive, c'est surtout l'exode rural. Les villes ne peuvent maintenir ou accroître leur population qu'avec l'apport d'immigrants, venus presque tous des campagnes. Certains réussissent à s'installer définitivement dans la première cité qu'ils ont choisie, et y restent. D'autres, une fois la campagne quittée, changent de ville faute de travail, s'installant à chaque nouvelle migration dans une plus grande cité; beaucoup aboutissent finalement à Paris. Il existe des flux géographiques assez stables au fil des décennies, comme celui qui conduit de nombreux ruraux de l'ouest du Bassin Parisien et des marges armoricaines vers les cités des plateaux céréaliers et vers Paris, ou les montagnards vers les villes des plaines ou des littoraux.

16

La présence de migrants permanents, véritables professionnels de l'errance, est une constante de la société d'Ancien Régime : mendiants, colporteurs, déserteurs, bergers, rémouleurs, maîtres d'école, etc, ils font partie du paysage habituel des villes, et surtout des campagnes. Transportant et transmettant les nouvelles et les modes, ils jouent le rôle d'intermédiaires culturels entre citadins et ruraux, entre une province et une autre.

Les migrations saisonnières concernent surtout les hommes des régions de montagnes et des zones portuaires. Elles se font souvent sur une échelle très importante : dans les ports bretons et normands, la majorité de la population masculine est en mer plusieurs mois par an ; dans la Haute-Marche, le tiers des hommes de plus de quinze ans descend dans les plaines exercer le métier de maçon pendant la plus grande partie de l'année ; beaucoup viennent dans les provinces céréalières, en provenance de régions limitrophes plus pauvres, pour faire les moissons. Les migrations temporaires sont le fait des filles de la campagne et des compagnons de métiers. Les premières viennent servir en ville comme domestiques pendant quelques années, le temps d'amasser une dot ; elles retournent ensuite dans leur village pour se marier. Au XVIIIe siècle, les compagnons du tour de France, Gavots ou compagnons du Devoir, sillonnent la France pour apprendre leur métier, avec leurs traditions, leurs règles de vie et leur turbulence.

Des événements conjoncturels peuvent jouer un rôle dans le déclenchement d'importantes migrations intérieures. Quand une crise démographique éclate, beaucoup de paysans pauvres partent sur les routes, en direction des villes, où ils espèrent trouver de la nourriture et des secours ; dans ce cas, la migration est fille de la pauvreté. Les guerres entraînent aussi des transferts d'habitants ; outre que les armées elles-mêmes se déplacent avec tout un cortège d'auxiliaires, de marchands, de prostituées et de vagabonds, les populations rurales, à leur approche, accourent en masse dans les villes pour s'y réfugier, ou quittent la région touchée par le conflit : une province comme l'Alsace a ainsi vu partir une bonne partie de ses habitants au cours du XVIIe siècle.

Il faudrait aussi parler de l'émigration hors du royaume, ainsi que de l'immigration étrangère, bien mal connues. Le nombre des individus concernés n'a jamais été très important, sauf dans le cas des protestants français émigrés à la fin du XVIIe siècle. Un très grand nombre d'entre eux a quitté la France après la révocation de l'Edit de Nantes en 1685 : les estimations sont très variables, la plus fiable tablant sur 173.000 départs, surtout d'origine urbaine, entre 1685 et 1688.

La composition de la population

La composition de la population française sous l'Ancien Régime, qu'il s'agisse des âges ou des sexes, ainsi que, dans une moindre mesure, de la taille et de la structure des ménages*, est sensiblement différente de ce que nous connaissons aujourd'hui.

Les âges et les sexes

La forte natalité et la durée relativement courte de la vie, phénomènes fondamentaux sur lesquels nous reviendrons, donnent à la répartition de la population par classes d'âges, telle qu'on la voit apparaître sur la pyramide reconstituée pour l'année 1740, un aspect caractéristique, avec une base large, qui se rétrécit rapidement et assez régulièrement vers le haut. Les individus âgés de moins de 20 ans constituent à peu près les deux cinquièmes de la population, les adultes entre 20 et 60 ans en fournissent la moitié, et les personnes âgées de plus de 60 ans sont un peu moins d'un dixième. La part des jeunes est donc beaucoup plus importante qu'aujourd'hui (40 % en 1740 contre 29 % en 1985), alors que celle des adultes est assez similaire (50 % contre 52 %), et que celle des personnes âgées est beaucoup moins grande (9 % contre 18 %) : au total, une population plus jeune que de nos jours, où la part des individus du troisième âge est très minoritaire, mais où, contrairement à ce qui caractérise actuellement les populations des pays en voie de développement, la proportion des moins de 20 ans, si elle est importante, n'est pourtant pas écrasante.

La répartition par sexes montre une légère domination de l'élément féminin, mais elle est beaucoup moins nette qu'aujourd'hui. La différence est minime chez les moins de 20 ans et chez les adultes, et ne commence à s'affirmer assez nettement qu'après 50 ans. Vu la faible proportion de personnes âgées, la longévité un peu plus importante des femmes par rapport aux hommes n'a pas de conséquences très marquantes sur les structures démographiques; il devait y avoir, vers 1740, à peine 400.000 à 500.000 femmes de plus que d'hommes dans la population française.

La surreprésentation féminine n'est sensible que dans les villes. Elle s'explique d'abord par la présence de ces nombreuses domestiques qui sont venues de la campagne et qui ne restent en ville que quelques années : sur les 863 domestiques (sur 13.000 habitants) recensés à

Document : LES AGES ET LES SEXES

A : La pyramide des âges en 1740

I.N.E.D.

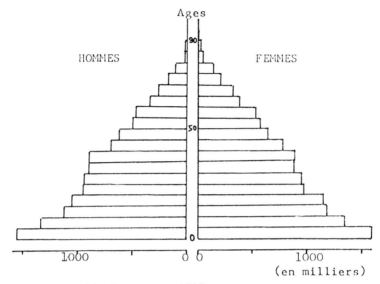

B : La pyramide des âges en 1987

I.N.S.E.E.

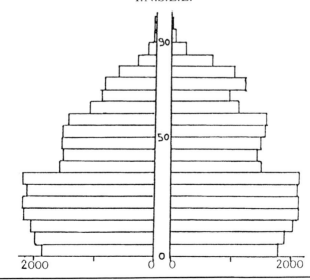

Chartres en 1791, 716 sont des femmes. La surreprésentation féminine urbaine tient également au très grand nombre des femmes seules, célibataires et surtout veuves, qui sont, quant à elles, des résidentes définitives, mais qui ont beaucoup plus de difficultés à se remarier que les veufs ; pour en rester à l'exemple chartrain, les femmes seules représentent un quart des feux assujetis à la « taxe des pauvres » en 1778-1779.

Les ménages : fragilité et complexité

Les Français vivent dans des ménages. Ceux-ci sont fragiles et complexes. Un grand nombre d'entre eux est le résultat de ruptures antérieures.

La famille conjugale*, limitée aux parents et aux enfants mineurs, est la norme dans la France d'Ancien Régime. Elle l'est cependant moins que les historiens ne l'ont cru pendant longtemps. D'abord parce qu'elle comporte des exceptions notables, surtout localisées dans le sud de la France, où vivent, dans des proportions parfois majoritaires, différents types de familles élargies* ou de ménages multiples* : ils paraissent dominer dans le Limousin, la Haute Provence, les Pyrénées ou la Corse. Ensuite, parce que la taille et la structure de tout ménage changent au cours de son existence, au fil des naissances, des décès, des départs et des arrivées.

Les ménages de l'ancienne France sont plus éphémères que les nôtres, à cause de la séparation forcée que la mort impose précocement à un très grand nombre de couples. Les familles se brisent par la mort du père, de la mère, la mort du couple, la mort du ou des enfants ; nous reviendrons plus loin, en détail, sur cette omniprésence de la mort. L'une des principales conséquences de cette situation est la fréquence des remariages, donc des ménages complexes, qui comprennent des enfants de plusieurs lits. Par conséquent, à côté des familles conjugales et des familles élargies, se constitue fréquemment un troisième type familial, aux contours instables, composé du père, de la mère, des enfants et des orphelins (à demi ou entièrement orphelins), et souvent des neveux, cousins ou cadets du père ou de la mère.

Les migrations aussi contribuent à la dissociation des ménages, mais elles permettent en même temps de préserver l'héritage et de soulager les familles d'un poids trop lourd de cadets. Il en est ainsi du départ des jeunes filles comme servantes dans les villes ; il évite que le poids des dots ne soit trop important pour le maintien des patrimoines. Les migrations saisonnières, entreprises pour des raisons professionnelles, par exemple pour les moissons, permettent, par l'argent qu'elles rapportent, de consolider ces mêmes patrimoines. Il n'empêche que ces absences, qui durent plusieurs mois chaque année, modifient les structures de la vie familiale; en particulier, le rôle des femmes s'accroît. Les migrations temporaires entraînent aussi une natalité relativement faible; c'est le cas dans les familles des cultivateurs pauvres du Bas-Quercy, qui doivent s'absenter plusieurs mois chaque année pour chercher du travail au loin.

Au total, les ménages ne sont pas, dans la majorité des cas, très peuplés, surtout en ville. Il est difficile dans ce domaine d'avoir des indications précises, faute de véritables recensements. Des sources éparses permettent de donner des ordres d'idée. A Poitiers, en 1790, la taille moyenne des ménages est de 4,56 personnes; les deux cinquièmes ne comptent que d'un à trois individus. A Lyon, dans les ménages où les deux parents sont vivants, la moyenne est de trois enfants au foyer au début du XVIIIe siècle, et de 2,06 en l'an IV; à Rouen, elle est de 1,3 à 1,56, selon les quartiers, en 1793. Mais les isolés, c'est-à-dire les ménages ne comprenant qu'un seul individu, sont très nombreux : 35 % à Rouen par exemple, avec parmi eux une majorité de femmes, divorcées, veuves, « filles majeures ». A la campagne, il semble que les ménages d'isolés soient moins nombreux, mais les autres foyers ne sont pas plus peuplés qu'en ville.

Il faut donc abandonner la vieille idée d'un plafonnement de la population française pendant la plus grande partie de l'Ancien Régime, plafonnement qui n'aurait cessé qu'au milieu du XVIIIe siècle. En fait, la croissance du nombre des habitants est une constante de l'histoire démographique de la France des XVIe, XVIIe et XVIIIe siècles. Mais cette croissance est inégale à travers le royaume, selon les époques et les régions; il en va de même pour les densités et pour les structures familiales. Pour expliquer cette évolution et ces différences, il est nécessaire d'analyser les habitudes démographiques des Français : la nuptialité, la natalité et la mortalité.

Chapitre 2 : La nuptialité

La majorité des Français passe une partie de sa vie dans l'état matrimonial. Les actes de mariage, qui se généralisent à la fin du XVIIe siècle et au début du XVIIIe siècle, fournissent sur ces époux toute une série de renseignements très intéressants : âges des nouveaux mariés, professions, qualités des parents, origine géographique, caractéristiques des témoins, etc. De leur analyse, plusieurs constatations se dégagent avec force. L'âge tardif au mariage apparaît comme le premier trait fondamental de la démographie d'Ancien Régime. L'endogamie* et l'homogamie* en constituent les autres caractères essentiels. L'ensemble obéit à des habitudes et à des traditions de tous genres.

Célibat et âge au premier mariage

Les historiens ont longtemps cru, en se fondant sur les caractéristiques des mariages royaux ou aristocratiques, que le mariage précoce était un trait universel de la société française d'Ancien Régime. En fait, il ne s'agissait là que d'exceptions, localisées dans des milieux très limités. Nos ancêtres se mariaient tard. Et une importante minorité ne se mariait jamais.

Les originalités du modèle matrimonial occidental

Le mariage n'est pas une réalité universellement partagée. Nombre de Français de l'Ancien Régime ne se sont jamais mariés. L'état matrimonial reste cependant l'état le plus fréquent chez les adultes.

23

Villes et campagnes confondues, la part des célibataires définitifs des deux sexes est d'au moins 7 % de la génération 1660-1664, et 8,5 % de la génération 1720-1724. Ces proportions augmentent au cours du XVIIIe siècle : la fréquence du célibat définitif féminin serait montée à 12 % chez les femmes nées vers 1775. Si les célibataires définitifs sont assez rares à la campagne, où la moyenne tourne autour de 5 %, ils sont beaucoup plus nombreux en ville : clergé, « filles seules », domestiques, etc, en moyenne 13 % des habitants, parfois beaucoup plus ; ils constituent près du quart de la population adulte à Caen au XVIIIe siècle ; en 1793, 36 % des hommes de la section parisienne de Popincourt sont célibataires. L'état de non-mariage est plus élevé que la moyenne dans les catégories sociales supérieures ; il concerne un cinquième des ducs et pairs de France au XVIIIe siècle.

Ceux qui se marient sont cependant majoritaires ; mais ils se marient tard, en moyenne à 27 ou 28 ans pour les garçons, et à 25 ou 26 ans pour les filles, cette tendance au mariage tardif étant un peu moins marquée pendant la première moitié du XVIIe siècle, avec 25 ans chez les hommes et 22 ans chez les femmes, mais s'accentuant au cours du XVIIIe siècle. Les âges moyens sont un peu plus élevés dans les villes qu'à la campagne ; à Lyon, les hommes convolent en moyenne à 29 ans pendant la première moitié du XVIIIe siècle, et les femmes à 27 ans ; à Marseille, en 1770, les âges sont respectivement de 31 et de 26 ans ; dans la campagne d'Alençon, tout au long du siècle, les âges moyens sont de 28 et 26 ans ; à Rumont, dans le Gâtinais, ils sont entre 1720 et 1790 de 26 et 25 ans. Les exemples pourraient être multipliés presque à l'infini.

Il existe, certes, des exceptions et des nuances ; ainsi, dans les campagnes au sud de Limoges, les filles se marient en majorité avant 20 ans ; dans la France méridionale rurale, l'âge au mariage reste un peu plus bas que dans le reste du royaume, et l'évolution est plus lente. D'autre part, les moyennes élevées ne sont précisément que des moyennes : beaucoup se marient avant l'âge de 25 ans, et quelques-uns avant 20 ans. Il n'empêche que toutes ces observations ne changent rien à l'essentiel : un mariage tardif, de plus en plus tardif au fil des décennies.

Célibat important et mariage tardif sont des attitudes très originales par rapport à celles du reste de l'humanité. Partout, dans toutes les civilisations, à toutes les époques, autant qu'on puisse le savoir, la règle et l'habitude étaient de marier les adolescents peu après la puberté, qui se produisait, il est vrai, à un âge plus tardif qu'aujourd'hui. Quant au taux de célibat, il ne dépassait pas, en Asie ou en Afrique, 1 % de la population adulte. La seule exception à ces habitudes planétaires apparaît dans l'Occident chrétien à partir des XVIIe et XVIIIe siècles, presque certainement même dès le XVIe siècle, lorsque s'impose le « new pattern » (le « nouveau modèle », selon l'expression de P. Chaunu), caractérisé à la fois par un âge au mariage tardif, par un célibat élevé, et aussi par le caractère global de ces deux habitudes à travers toutes les catégories sociales, y compris l'aristocratie, dans laquelle l'âge plus précoce au mariage est compensé par un célibat très important.

Les causes du mariage tardif

Reste à comprendre pourquoi le « new pattern » s'est installé et a triomphé. L'explication traditionnelle peut être résumée par cette phrase de Malthus qui, vivant à la charnière des XVIIIe et XIXe siècles, écrivait, dans son *Essai sur les principes de la population* : « Quiconque fera son devoir en recevra la récompense... Ce devoir est à la portée de la plus faible intelligence. Il se réduit à ne pas mettre au monde des enfants si l'on n'est pas en mesure de les nourrir. » En effet, un mariage tardif diminue le nombre de naissances qu'aurait permis un mariage précoce; la meilleure garantie contre une descendance trop nombreuse, donc ruineuse, est d'éviter tout risque de procréation pendant les années de plus grande fécondité* des femmes, c'est-à-dire entre 18 et 25 ans. Ainsi, pour la période comprise entre 1670 et 1739, la proportion du nombre des naissances évitées grâce au mariage tardif peut être estimée à un peu plus de 30 % de la descendance qu'auraient eue des femmes mariées peu après la puberté.

Une explication plus récente, qui ne s'oppose pas forcément à la précédente, lie mariage tardif et système économique. Dans la France rurale, il y a coïncidence entre exploitation agricole et famille; c'est donc bien souvent la mort des parents qui pousse au mariage, ou qui le permet, en libérant une ferme et des terres. Le nombre des exploitations pouvant difficilement augmenter dans un terroir entièrement défriché, celui des ménages doit également rester stable; les jeunes sont donc contraints à l'attente avant le mariage. Comme l'écrit A. Bideau, « seuls ceux qui peuvent s'installer, le plus souvent à la mort du père, accèdent au mariage ». Au XVIIIe siècle, la hausse de l'âge au premier mariage se produit en même temps qu'un léger allongement de la durée de la vie, qui oblige les jeunes gens à attendre un peu plus longtemps qu'au siècle précédent l'héritage qui permettra l'établissement professionnel, donc le mariage.

Dans ces conditions, le mariage tardif est dû, pour l'essentiel, à des contraintes économiques; la limitation des descendances n'en est pas la cause, mais la conséquence. Il est le mariage d'un monde plein, entièrement défriché et occupé, qui auto-régule, en quelque sorte, sa reproduction, la fondation d'un nouveau ménage supposant la disparition préalable d'un ménage plus ancien. L'importance du célibat s'inscrit tout naturellement dans ce schéma ; comme l'écrit J. Dupâquier, « les jeunes célibataires constituaient donc un véritable stock matrimonial, dont la fonction était de permettre à une société de maintenir à peu près constant le nombre des ménages, c'est-à-dire des unités économiques de base » ; en cas de besoin, par exemple après une importante mortalité, il suffit qu'une partie de ceux qui seraient restés célibataires en temps normal se marie pour que les vides soient rapidement comblés.

Cette explication doit cependant être quelque peu nuancée, dans la mesure où elle suppose une population qui n'augmente pas ; or, la hausse du nombre des habitants, même si elle est inégalement soutenue selon les époques, est constante sur le long terme. Pour en absorber une partie, il a donc fallu que la rigidité du nombre des exploitations, donc des ménages, ne fût pas totale ; ici ou là, des aménagements sont possibles, par le partage d'une exploitation entre deux héritiers et la parcellisation des terres, ce qui ne va pas sans risquer de poser ensuite des problèmes de revenus. D'autre part, la rigidité matrimoniale est moins grande en ville, où la création de ménages nouveaux, en surnombre, est permise par l'expansion manufacturière ou commerciale, qui fournit des revenus supplémentaires : la ville sert alors, en quelque sorte, de soupape de sécurité pour l'expansion démographique, recevant le trop-plein des campagnes, ce qui explique l'expansion urbaine des XVIIᵉ et XVIIIᵉ siècles. Enfin, la hausse sensible de la population dans la dernière moitié du XVIIIᵉ siècle s'accompagne d'une augmentation importante de la proportion des célibataires définitifs, qui ne peuvent pas s'installer, donc se marier ; cette évolution très nette ne peut que confirmer la validité de l'explication économique du mariage tardif. L'inadéquation grandissante entre le nombre des aspirants au mariage et les possibilités d'établissement a contribué à déstabiliser les fondements sociaux, et n'a pas été l'une des moindres causes de la Révolution.

Reste qu'il ne faut pas limiter l'explication à l'économie. L'évolution des mentalités joue aussi un rôle dans le triomphe du mariage tardif. Le XVIᵉ siècle marque une incontestable réhabilitation de la vie conjugale, humanistes et réformateurs exaltant de concert l'amour entre les époux. L'importance du couple dans la société augmente, et par conséquent la nécessité de son bon fonctionnement. Sa fondation suppose donc la possibilité d'un établissement sûr. On revient par là à l'explication économique.

Les modalités du mariage tardif

Le mariage tardif n'est ni égalitaire entre les sexes, ni facile à attendre pour les jeunes gens.

L'appariement des âges au mariage

Il n'y a pas, dans la majorité des cas, une concordance rigoureuse entre l'âge des mariés et celui de leurs conjointes. L'exemple chartrain au XVIIIe siècle permet de montrer la diversité des situations : l'appariement total des âges n'existe que dans 11 % des couples. Les hommes sont plus âgés au mariage que les femmes dans la majorité des cas, l'écart le plus fréquent étant compris entre un et quatre ans ; dans trois couples sur dix, la différence est supérieure à cinq ans, dépassant même quinze ans dans 1,8 % des nouveaux ménages : il s'agit alors de veufs remariés. Les épouses sont plus âgées que leur mari dans un tiers des couples ; une femme mariée sur dix est l'aînée de son mari d'au moins cinq ans.

En général, quel que soit le lieu examiné, dans les milieux les plus pauvres, les garçons épousent des filles d'autant plus âgées qu'ils sont moins qualifiés : en somme, une fille qui a constitué une dot, fût-elle minime. A l'inverse, les gens installés, maîtres artisans ou paysans petits propriétaires, quittent le célibat plus tardivement que la moyenne, convolant avec des filles plus jeunes qu'eux ; dans leur cas, ils ne disposent que tardivement de leurs biens, d'où leur âge au mariage plus élevé.

Toutes ces observations, qui ne se fondent que sur des moyennes, ne doivent cependant pas faire oublier qu'il existe des mariages d'apparence hors-norme. Ainsi, à Meulan, comme le montre M. Lachiver, « on trouve des unions étranges : en 1715-1739, un garçon de 23 ans épouse une femme de 44 ans veuve pour la troisième fois ; en 1740-1764, un garçon de 31 ans épouse une veuve de 63 ans. Par contre, un veuf de 49 ans épouse une fille de 19 ans, un autre de 59 ans une fille de 25, un de 69 ans une fille de 28. Les premiers mariages tardifs de célibataires sont rares ; on trouve un garçon de 51 ans et une fille de 44. Fréquemment, deux veufs s'unissent pour terminer leur vie ensemble : un veuf de 58 ans et une veuve de 60 ans ; le plus vieux remarié a 70 ans. »

Dire que le recul continuel de l'âge au mariage a été admis par tous facilement serait sans doute une vue trop optimiste. L'Eglise ne l'approuvait pas vraiment, y voyant un encouragement au péché de chair, c'est-à-dire à des rapports sexuels entre les jeunes gens hors des liens sacrés du mariage. Elle n'avait sans doute pas tout à fait tort d'être inquiète, à en juger par la hausse sensible des conceptions prénuptiales, et surtout des naissances illégitimes, à la fin du XVIIIe siècle, alors que l'âge au premier mariage augmente.

Pourtant les familles, épaulées par le pouvoir royal, ont su imposer l'attente aux jeunes gens. A une époque où la majorité est fixée tardivement à 25 ans pour les filles et à 30 ans pour les garçons, les parents ont les moyens légaux d'empêcher le mariage d'un enfant mineur. Une union effectuée sans leur consentement est assimilable à un rapt, donc passible, du moins en théorie, de la peine capitale. Voilà qui pouvait faire réfléchir même les plus passionnés

C'est en 1579, dans l'ordonnance de Blois, que le roi Henri III a réglementé les mariages de façon à leur donner une publicité telle que les unions clandestines, dues au refus d'autorisation par les parents des époux, soient rendues très difficiles. La proclamation de trois bans* par le curé de la paroisse* des futurs, au prône des messes des trois dimanches précédant le mariage, ainsi que la présence de quatre témoins lors de sa célébration, sont rendues obligatoires. La publicité est donc assurée, avant et après la cérémonie. L'ordonnance enjoint également aux curés de ne pas célébrer les mariages des mineurs qui n'ont pas l'autorisation de leurs parents, sous peine d'être considérés comme complices de rapt. Le pouvoir royal, ne pouvant pas annuler un sacrement qui ne dépend que de l'Eglise, a donc fait en sorte d'impliquer le clergé dans les sanctions pénales appliquées aux jeunes récalcitrants; si les futurs étaient aveuglés par l'amour, on pouvait supposer que le curé, quant à lui, y regarderait à deux fois.

Même si l'action des familles et de la monarchie, associée aux contraintes économiques et sociales, a permis le triomphe du mode de mariage tardif, elle ne l'a pas emporté dans la totalité des cas. D'abord parce qu'il a toujours existé, en petit nombre certes, des mariages qui se sont célébrés secrètement, malgré l'opposition des parents; les écrivains, même si leur témoignage n'a qu'une valeur historique toute relative, s'en sont largement fait l'écho. Et surtout parce qu'un certain nombre de couples a toujours vécu de manière illégitime, sans convoler.

Document : LA REGLEMENTATION DES MARIAGES :
l'ordonnance de Blois (1579)

« Article 40 : Pour obvier les abus et inconvéniens qui adviennent des mariages clandestins, avons ordonné et ordonnons que nos sujets, de quelque estat, qualité et condition qu'ils soient, ne pourront valablement contracter mariage, sans proclamations précédentes de bans faites par trois divers jours de festes, avec intervalle compétent, dont on ne pourra obtenir dispense, après lesquels bans seront épousés publiquement; et pour pouvoir témoigner de la forme qui aura esté observée esdits mariages, y assisteront quatre témoins dignes de foy, pour le moins, dont sera fait registre

Enjoignons aux curés, vicaires et autres, de s'enquérir soigneusement de la qualité de ceux qui voudront se marier, et s'ils sont enfans de la famille, ou estant en puissance d'autrui, nous leur défendons étroitement de passer outre à la célébration desdits mariages, s'il ne leur apparoît du consentement des pères, mères, tuteurs ou curateurs, sur peine d'être punis comme fauteurs du crime de rapt. »

Les couples illégitimes

Le concubinage est loin d'être exceptionnel dans les catégories sociales dominantes, ainsi que les doubles ménages, sans parler des maîtresses des rois et des grands. Mais leur réalité est mal connue dans le détail.

En milieu populaire, l'illégitimité amoureuse est le fait de couples provisoires, nés de la conjonction d'une population masculine peu ou pas du tout enracinée dans son lieu de résidence, comme les compagnons* de métiers, et d'une population féminine venue elle aussi travailler à la ville, souvent dans la domesticité : au total, peu de monde probablement. Mais comme ces ménages illégitimes n'ont, dans la plupart des cas, été répertoriés dans aucun document, il nous est impossible de les bien connaître et de mesurer avec précision leur importance numérique, sauf dans quelques cas exceptionnels, comme ceux de Nantes et de Lille.

A Nantes, certains membres des classes laborieuses urbaines sont concernés, formant parfois des unions durables sans passer pour autant devant leur curé. Les caractéristiques de ces couples, à défaut de leur nombre, sont connues au XVIII⁶ siècle. Au début, il s'agit surtout d'amours ancillaires et précaires, où la femme se trouve en position d'infériorité économique par rapport à son concubin. A la fin du siècle, les unions durables sont beaucoup plus fréquentes; les deux partenaires appartiennent au même milieu et vivent ouvertement hors des normes sociales et religieuses. Ces couples ne remplissent pas les conditions nécessaires au mariage; l'instabilité au travail, la pauvreté, la tradition du mariage tardif les en empêchent. De la même façon, à Lille, la majorité des filles-mères provient des milieux d'immigrées.

Les conséquences du mariage tardif

Malgré les déviants et les marginaux, le mariage, et particulièrement le mariage tardif, reste de très loin l'état majoritaire dans la société d'Ancien Régime. Son efficacité est indéniable. En limitant de fait le nombre des naissances, il a permis à l'Occident, et particulièrement au royaume de France, d'éviter les terribles famines qu'ont connues des régions comme l'Inde ou la Chine à la même époque. Il est donc probablement pour une bonne part à l'origine de la supériorité économique que l'Europe commence alors à acquérir, et qui sera considérablement augmentée au XIX⁶ siècle par la révolution industrielle.

En ce qui concerne la vie des individus, les conséquences du mariage tardif sont plus difficiles à analyser. C'est apparemment un régime très dur du point de vue social, mais aussi du point de vue sexuel, puisqu'il aboutit à une forte répression de la sexualité, les rapports sexuels en dehors du mariage étant, du moins en théorie, uniformément condamnés. Comme l'écrit J. Dupaquier, « les enfants étaient privés du droit d'avoir des relations sexuelles tant qu'ils n'avaient pas amassé un pécule suffisant pour convoler en justes noces. C'était une sorte de purgatoire matrimonial. »

Dans la réalité, cette répression sexuelle était-elle aussi importante ? J.-L. Flandrin s'est élevé contre cette opinion; pour lui, le faible nombre des conceptions illégitimes ne suffit pas à prouver l'absence de pratiques sexuelles avant le mariage : l'homosexualité et l'onanisme principalement, mais aussi la fréquentation des prostituées ou les relations sexuelles avec des personnes mariées, servaient d'exutoires aux jeunes gens en attente de mariage, comme le prouve l'importance qu'attachent à ces pratiques, pour les condamner et les combattre, les textes religieux ou éducatifs.

Reste cependant que la période comprise entre la puberté et le mariage n'était pas si étendue qu'on pourrait le supposer, puisque la puberté était plus tardive qu'aujourd'hui, ne se produisant par exemple qu'à 15,9 ans en moyenne pour les filles en 1750-1799, donc pas avant 17 ou 18 ans pour une grande partie d'entre elles, surtout dans les familles humbles, à cause de la qualité défectueuse de l'alimentation et des conditions de vie. La période de continence avant le mariage n'était peut-être finalement pas très longue, et pouvait être supportée par la plupart dans le cadre d'une morale chrétienne rigoureuse.

Le choix du conjoint

Aujourd'hui comme hier, on n'épouse pas n'importe qui : l'homogamie et l'endogamie, dont les influences sont un peu limitées sous l'Ancien Régime par les règles imposées par l'Eglise, sont les deux impératifs essentiels du choix du conjoint. Cela ne signifie pas que l'amour n'existe pas ; mais il ne peut que s'inscrire à l'intérieur de contraintes sociales.

Les motifs de fond des unions sont essentiellement d'ordre économique et social : à la campagne, les tâches sont réparties entre les sexes, le mari aux champs, la femme dans la basse-cour ; il en va de même chez les artisans urbains, où l'homme fabrique les objets mis en vente, alors que son épouse tient les comptes et la maison. C'est pourquoi la mort du conjoint est suivie très souvent d'un remariage.

L'homogamie

Le mariage convenable veut des époux de même qualité et de même condition : c'est l'homogamie. Elle est la contrainte majeure dans le choix du conjoint.

L'homogamie est imposée par les parents, particulièrement dans les catégories sociales privilégiées, et plus encore par le milieu social, dans le cadre des métiers en ville ou de la communauté villageoise à la campagne. Dans les classes populaires, les jeunes gens bénéficient d'une relative autonomie de choix, accentuée par l'habitude du mariage tardif, qui implique que les parents des mariés soient déjà morts, dans au moins la moitié des cas, lorsque leurs enfants se décident à convoler; mais cette liberté ne s'exerce qu'à l'intérieur du milieu d'origine, ou sur ses marges. Plus que les seuls parents, c'est donc le milieu qui influe sur le choix du conjoint, surveillant et réglementant les rencontres et les fréquentations entre les jeunes gens; l'auto-surveillance des populations rurales est une donnée de base de la vie quotidienne, les sept dixièmes des Français vivant dans des villages de moins de 300 feux*, ce qui implique que tout le monde s'y connaisse et s'y observe.

La contrainte homogamique est présente dans toutes les régions et pendant tout l'Ancien Régime, l'exogamie* ne tendant à se développer que vers la fin du XVIIIe siècle, dans certains milieux limités. Ainsi, au XVIe siècle, dans le Hurepoix, les vignerons épousent des filles de vignerons, les laboureurs* des filles de laboureurs, les journaliers* des filles de journaliers, les artisans ruraux des filles d'autres artisans ruraux. A Vraiville au XVIIIe siècle, l'endogamie la plus caractérisée est celle des laboureurs, avec des proportions de 75 % jusqu'en 1752, et de 88,5 % jusqu'en 1802, et celle des journaliers, avec respectivement 75 % et 70 %. Dans les villes, un fils de maître de métier épouse généralement une fille de maître, un fils de compagnon convole avec une fille de compagnon. Il en va de même dans les classes dominantes, de la noblesse à la bourgeoisie.

L'égalité des statuts des conjoints peut cependant êtrc légèrement transgressée dans certains cas. Elle n'est pas possible quand le marché matrimonial est trop étroit, par exemple à la suite d'une crise démographique* qui a tué beaucoup de partis possibles. L'hypergamie* bénéficie surtout aux filles; dans le peuple, un maître artisan ou un laboureur aisé qui a perdu sa femme épouse parfois sa jeune servante; chez les privilégiés, un grand seigneur désargenté redore son blason en convolant avec une fille ou une petite fille de très riche bourgeois : le duc de Saint-Simon lui-même, pourtant si viscéralement attaché à la supériorité de son lignage, n'a pas hésité à agir ainsi. Quant aux garçons, ils ne peuvent espérer, pour monter dans l'échelle sociale, qu'en une veuve qui ne retrouve pas de mari de son propre niveau : un compagnon pourra épouser, s'il a de la chance, la veuve de son maître décédé. Ces unions inégalitaires sont mal vues de l'opinion, parce qu'elles semblent mettre en question, plus ou moins inconsciemment, l'ordre social voulu par Dieu, et donnent parfois lieu à des manifestations publiques de désapprobation.

En tout cas, il n'y a jamais d'échange matrimonial entre les groupes sociaux situés tout en haut et tout en bas de l'échelle des honneurs et des fortunes, dont les membres s'unissent et se reproduisent entre eux; dans

> Document : LE CHOIX DU CONJOINT : « tariffe ou evalua-
> tion des partis sortables pour faire facilement les mariages »
>
> Furetière, *Le roman bourgeois*, Paris, 1666
>
> « Pour une fille qui a deux mille livres en mariage, ou environ,
> jusqu'à six mille livres : *Il luy faut un marchand du Palais, ou un petit
> commis, sergent ou solliciteur de procez.*
> Pour celle qui a six mille livres, et au-dessus, jusqu'à douze mille
> livres : *Un marchand de soye, drappier, mouleur de bois, procureur du
> Chastelet, maistre d'hostel et secrétaire de grand seigneur.*
> Pour celle qui a douze mille livres et au-dessus, jusqu'à vingt
> mille livres : *Un procureur en Parlement, huissier, notaire ou greffier.*
> Pour celle qui a vingt mille livres et au-dessus, jusqu'à trente
> mille livres : *Un advocat, conseiller du Trésor ou Eaüës et Forests,
> substitut du Parquet et général des Monnoyes.*
> Pour celle qui a depuis trente mille livres jusqu'à quarante-cinq
> mille livres : *Un auditeur des Comptes, trésorier de France ou payeur
> des Rentes... »*

le sens de l'ascension ou de la régression sociale, les mouvements ne se
produisent que vers les groupes intermédiaires ou à partir d'eux. Ainsi,
à Vraiville, seul le milieu artisanal fait charnière ; en pays d'Auge, ce rôle
est joué par les marchands.

L'endogamie

Le mariage a presque toujours lieu dans la paroisse de résidence de
la nouvelle épouse, même si le nouveau couple doit ensuite s'installer
ailleurs. Dans la majorité des cas, l'époux est originaire de la même
paroisse : l'endogamie est une contrainte presque aussi importante que
l'homogamie.

L'endogamie rurale

L'endogamie s'explique aisément dans les campagnes, surtout par des raisons économiques : comment aller s'établir ailleurs, quand on possède des terres dans son village natal ? Le choix du conjoint reste, de fait, très limité. P. Goubert résume ainsi l'endogamie des paysans : « dans une paroisse rurale de quelque consistance - un bon millier d'habitants - au moins les trois quarts des nouveaux époux sont nés et résident au lieu de leur union; du dernier quart, la moitié vient des villages limitrophes, et les plus hardis voyageurs n'ont pas couvert quatre lieues pour aller à l'hyménée. Cette forte et majoritaire stabilité a souvent duré (tout en baissant évidemment) jusqu'au début du XXᵉ siècle. »

La plupart des études confirment cette situation. Il en va ainsi pour le XVIᵉ siècle nantais : même s'il fait exception à la règle qui veut que le mariage soit toujours célébré dans la paroisse où réside la fiancée et s'il se conclut assez fréquemment à l'extérieur, c'est toujours dans des cercles restreints, les sept huitièmes des conjoints étrangers étant fournis par des paroisses éloignées de moins de dix kilomètres. Dans les campagnes d'Ile-de-France au XVIIᵉ siècle, les deux tiers des mariés sont originaires de la même paroisse, les quatre cinquièmes de la même paroisse ou d'une paroisse limitrophe. En Bretagne et en Anjou entre 1740 et 1789, 68 % des unions sont célébrées entre habitants d'une même paroisse. Les garçons se déplacent un peu plus que les filles, mais dans des proportions qui restent faibles.

Il faut évidemment introduire des nuances, qui dépendent surtout des milieux. Ainsi, quand les villages sont petits, avec seulement quelques centaines d'habitants, ceux-ci sont bien forcés d'aller parfois chercher leur conjoint dans un autre village; l'endogamie, dans ce cas, devient en quelque sorte « cantonale ». Les mariages de laboureurs aisés se font souvent aussi dans un cercle « cantonal », car le petit nombre des familles de statut comparable dans chaque paroisse oblige soit au déclassement social, soit au mariage hors de la paroisse. Il en va de même pour la noblesse, pour laquelle il existe des cercles endogames provinciaux. Dans les catégories dominantes, c'est la contrainte homogamique qui l'emporte sur l'endogamique; dans ces milieux, pour fonctionner convenablement, l'homogamie sociale doit souvent s'accompagner d'une exogamie géographique.

L'endogamie urbaine

La mobilité est plus forte dans les villes, qui accueillent beaucoup de nouveaux mariés originaires des campagnes, surtout parmi les hommes. On ne dépasse quand même pas un tiers de nouveaux époux d'origine horsaine à Nantes au XVIᵉ siècle. A Chartres au début du XVIIIᵉ siècle,

88 % des conjoints sont originaires de la ville, et 8 % de la campagne proche; à la veille de la Révolution, la mobilité des nouveaux mariés est plus importante, bien que l'endogamie reste très majoritaire : 75 % d'entre eux sont originaires de Chartres (66 % des hommes et 83 % des femmes), 19 % viennent du pays Chartrain (23 % des hommes et 15 % des femmes), 5 % viennent du reste de la France (9 % des hommes, 2 % des femmes). A Meulan, entre 1690 et 1739, 40 % des hommes et 60 % des femmes qui se marient sont nés dans la ville; seuls 6,5 % des premiers et 1 % des secondes sont nés à plus de 150 kilomètres. L'endogamie diminue en fonction de la taille de la ville : une petite ville en présente plus qu'une grande, sauf lorsqu'elle est située dans une région de forte mobilité; à Bordeaux, entre 1793 et 1797, seuls 16,6 % des mariages concernent deux natifs de la ville.

A l'intérieur même des villes, il existe souvent une endogamie paroissiale, d'autant plus importante que la paroisse est grande. A Saint-Valérien de Châteaudun, 76 % des mariages se font entre habitants de la paroisse entre 1660 et 1723. Mais au centre ville, où les paroisses sont plus petites, les taux sont moins élevés, autour de 58 % quand même dans la première moitié du XVIIe siècle. Il existe aussi une endogamie par rue, d'autant plus importante quand il s'agit d'une rue spécialisée dans une seule activité, ce qui est souvent le cas, par exemple, pour les bouchers; ici, l'endogamie rejoint l'homogamie.

L'importance des remariages

Le mariage est, pendant l'Ancien Régime, une assurance sur la vie; quatre bras valent mieux que deux pour lutter contre les difficultés innombrables de la vie quotidienne. C'est pourquoi, lorsqu'un couple est brisé par la mort d'un des conjoints, le survivant cherche à se remarier rapidement. Le remariage est un phénomène structurel de la société d'Ancien Régime, surtout en ville. Dans le pays Nantais au XVIe siècle, il concerne près du quart des unions célébrées. Au XVIIe siècle, dans l'ensemble du royaume, 32 mariages sur 100 impliquent au moins un veuf ou une veuve.

Les remariés épousent surtout des célibataires; à Meulan au XVIIIe siècle, 75 % des veufs qui se sont remariés épousent une jeune fille, et 71 % des veuves convolent avec un garçon. Ce qui se traduit par de nettes différences d'âges. Mais le remariage est plus facile pour les hommes que pour les femmes. A Marly-le-Roi au XVIIe siècle, 38 % des veufs, contre 17 % des veuves, trouvent un nouveau conjoint. Il n'est pas rare que les hommes se remarient seulement quelques mois, voire quelques semaines, après leur veuvage, alors que les femmes attendent plus longtemps un nouvel époux, et ont beaucoup de mal à se remarier quand elles ont dépassé 30 ans. A Chartres au XVIIIe siècle, où un cinquième des conjoints survivants se remarie, le temps moyen entre veuvage et remariage est de 2,26 ans pour les hommes et de 3,09 ans pour les femmes; la moitié des veufs qui se remarient le fait l'année même qui suit le veuvage, et seulement un quart des femmes; le temps d'attente est d'autant plus long que l'âge est élevé.

Les empêchements et les dispenses

L'Eglise est compétente pour le mariage, puisque celui-ci est un sacrement. Certaines des règles qu'elle impose tempèrent quelque peu l'importance de l'homogamie et de l'endogamie. Ainsi, elle interdit l'union entre parents jusqu'au quatrième degré canonique, c'est-à-dire la quatrième génération à partir de la souche commune. Elle veut de cette manière contrôler autant que possible le couple et la famille, en évitant, par l'obligation de choix du conjoint hors de cercles parentaux trop rapprochés, la facilité de mariages trop rapides.

Cette interdiction n'est cependant pas absolue. L'Eglise peut l'atténuer ou la supprimer, cas par cas, par son droit de dispense. Les dispenses étaient accordées par le pape ou par les évêques. Ainsi, l'évêché de Coutances en a accordé chaque année, de 1680 à 1791, 70 à 150, qui concernent surtout des mariages où les deux fiancés avaient un trisaïeul commun, dont les futurs conjoints avaient oublié de bonne foi l'existence; ils devaient alors, à la suite de dénonciations de voisins ou de parents mieux informés, demander une dispense.

Habitudes et traditions matrimoniales

Le mariage est un acte éminemment socialisé. Il se prépare par étapes fixées par les traditions, et n'est pas célébré n'importe comment et n'importe quand. Toutes ces habitudes sont accompagnées par de nombreuses superstitions.

Le processus qui conduit au mariage

Les témoignages sur la formation des couples sont très rares. Il existe des occasions où les jeunes gens des deux sexes peuvent se rencontrer et faire connaissance : veillées, fêtes, foires, Nous les connaissons mal, faute de sources. Quoi qu'il en soit, après une fréquentation plus ou moins longue, surveillée par les voisins et les familles, deux jeunes gens peuvent envisager de s'unir; plusieurs étapes se succèdent alors dans le processus qui les conduit à la célébration de leur mariage.

Première étape du processus : la demande en mariage. Le garçon va au domicile de la fille, pour demander au père de celle-ci son consentement à leur union, ou le fait demander par un intermédiaire. En cas d'acceptation, il peut alors fréquenter la maison de sa promise.

Deuxième étape : les accordailles. Le futur époux remet un gage à la jeune fille, souvent une bague. La cérémonie est privée et laïque.

Troisième étape : le contrat de mariage. Universel dans les régions de droit romain, il n'est pas obligatoire dans les provinces du nord de la Loire, où les futurs issus de milieux modestes répugnent d'autant plus à en faire établir qu'il faut payer le notaire et que cela coûte cher. Le contrat est dressé en présence des parents et, dans la mesure du possible, de personnalités issues d'une catégorie sociale plus élevée, qui garantissent ainsi l'honorabilité des futurs mariés. En ville, dans les milieux aisés, on essaye d'avoir un grand seigneur, qui signera l'acte comme témoin. Dans la haute aristocratie, la famille espère la présence du roi lui-même. A la campagne, on invite le seigneur du lieu. Le contrat précise les apports des conjoints et fixe le douaire* de l'éventuelle future veuve. Chez les protestants, pour lesquels le mariage n'est pas un sacrement, la signature du contrat scelle l'union.

Quatrième étape : les fiançailles, qui ont lieu presque aussitôt après la signature du contrat, quand il y en a un. Au contraire des accordailles, il s'agit là d'une cérémonie religieuse. Une rupture ultérieure de la promesse de mariage par l'un des fiancés exposerait son responsable à un procès devant l'officialité*, qui pourrait alors le forcer à se marier. Au XVIe siècle, les fiançailles avaient lieu plusieurs mois avant le mariage; mais les futurs avaient tendance à se considérer comme déjà mariés et à se conduire comme tels; c'est pourquoi l'Eglise catholique a tout fait pour raccourcir le plus possible l'intervalle entre fiançailles et mariage; quant aux protestants, même si la « bénédiction de mariage » n'a pas pour eux une valeur sacramentelle, ils ont fait en sorte qu'elle se produise dans un délai inférieur à deux mois après la signature du contrat devant notaire.

Cinquième étape : le mariage. Il est précédé, les trois dimanches avant la cérémonie, par la publication des bans, à l'issue du prône, dans les églises paroissiales des deux fiancés, pour assurer la publicité de l'union. Il pouvait arriver que l'un d'entre eux ait déjà été marié ailleurs et risque la bigamie, crime majeur; le cas s'est certainement produit, ce qui s'explique sans mal à une époque où les moyens de surveillance étroite de la population n'existent pas. Si personne n'a dénoncé les fiancés pour cette raison, ou n'a révélé entre eux des liens de parenté trop proches pour permettre le mariage, la cérémonie peut avoir lieu.

Document : LES ETAPES DE L'UNION : le témoignage d'un vigneron (1741)

Bibliothèque municipale de Chartres, Manuscrits N.A. 48

« Année de 1741.

Aujourd'huy dimanche dix-neufième jour de Novembre, après tous l'office, je moy Nicolas Guiard, vigneron, demeurent à Seiche-cotte, parroisse de Saint-Denis de Champhol, sens auquint mienst mérite, me suis avantagé, me suis fait l'honneurs de me transporté au village de La Milihoux, paroisse de Saint-Maurice-les-Chartres, ches Paul Boudier, vigneron, pour lui demandé Marie-Catherine Boudier, fille aînée, et m'ayanst écouté, s'étanst rendu atentife à ma demande, quelque tems après nous somme venus à nous accorder le dimanche huityème jour d'avril 1742.

ensuite, le lundi 9 avril, nous avons été à Chartres, ches M^e Le Tellier, notaire royalle, pour passer le contra de mariage.

Et le même jour, nous avons été fiancé en l'église de Saint-Maurice, puis nous somme venus jusqu'o 9 de juillet, donst nous avons été marié en l'église de Saint-Maurice.

Nicolas Guiard, âgée de vingt-neuf ans,

Marie-Catherine Boudier, âgée de vingt-sept ans. »

Les saisons et les jours

Les fiancés ne convolent pas à n'importe quelle époque de l'année. Le mois du mariage dépend de divers critères. L'Eglise interdit pratiquement deux périodes : l'Avent, qui correspond en gros au mois de décembre, et le Carême, c'est-à-dire surtout le mois de mars, avec des variations en fonction de la date de Pâques; c'est pourquoi la période située entre l'Avent et le Carême, les mois de janvier et de février, connaît une très forte nuptialité. Pour le reste, tout dépend des activités économiques. Ainsi, très peu d'agriculteurs convolent pendant la période de la moisson, et les vignerons ne se marient pas à l'époque des vendanges. En ville, curieusement, les conjoints ont souvent tendance à respecter la périodisation de la campagne environnante; mais ce mimétisme diminue beaucoup au fil des décennies, surtout au XVIIIe siècle, alors que, parallèlement, les creux de mars et de décembre s'atténuent, l'Eglise accordant plus facilement des dispenses. L'irrégularité du mouvement saisonnier diminue avec la taille des localités, comme si la ville, au fur et à mesure qu'elle grandit, s'éloignait des rythmes ancestraux des campagnes; cette observation doit cependant être nuancée, dans la mesure où il est probable que le tassement des courbes mensuelles de nuptialité dans les villes tienne pour une bonne partie à la variété des milieux professionnels qui y coexistent, chacun d'entre eux ayant son propre rythme nuptial. Ainsi à Chartres, les agriculteurs suburbains ne se marient pas à la même époque que les artisans urbains, mais l'addition des deux courbes gomme les spécifités de chacun de ces deux milieux. A l'inverse, dans un village à structure professionnelle homogène, par exemple un village de vignerons, la prééminence d'un seul milieu se marque par des contrastes très marqués dans le mouvement saisonnier de la nuptialité.

Le jour du mariage n'est pas pris au hasard. Il existe des contraintes, qui varient selon les milieux, les régions et les époques. Contrairement à ce qui se produit de nos jours, la fin de semaine est rarement choisie, sauf chez les protestants, où la « bénédiction de mariage » est donnée juste après le culte hebdomadaire. Les catholiques considèrent le vendredi comme un jour « triste », ou comme « un jour maudit », puisque c'est le jour de la mort du Christ; le clergé a fait en sorte de réserver le dimanche au culte, et d'en exclure les mariages, au moins à partir du XVIIe siècle; le samedi, situé entre ces deux jours peu propices, est choisi par à peine un couple sur cinquante. La grande majorité des cérémonies est donc concentrée du lundi au jeudi, le lundi et le mardi venant généralement en tête : à Thoissey, dans la Bresse, 67 % des unions du XVIIIe siècle sont célébrées un mardi, et 11 % un lundi; à Bordeaux, à la même époque, on se marie dans 38 % des cas le mardi, et dans 25 % le mercredi; à Tours, à la fin du XVIIe siècle, 65 % des couples de catholiques se marient un lundi, et 24 % un mardi. Il existe quelques exceptions locales, comme à Villedieu-les-Poêles, où le mardi est remplacé par le samedi, parce que le marché hebdomadaire a lieu le mardi, mais elles n'infirment pas la règle d'ensemble. Le début de la semaine, en effet, est beaucoup plus favorable au mariage que la fin : au point de vue religieux, il permet aux fiancés de se préparer pieusement à la célébration de leur union en communiant au cours de la messe dominicale ; au point de vue matériel, il est plus facile de préparer le banquet de mariage pendant un jour de repos.

Document : LA REPARTITION MENSUELLE DES MA-RIAGES : l'exemple de Chartres au XVIIIe siècle

Garnot (B), *Un déclin : Chartres au XVIIIe siècle*, Paris, Ed. du C.T.H.S., 1991.

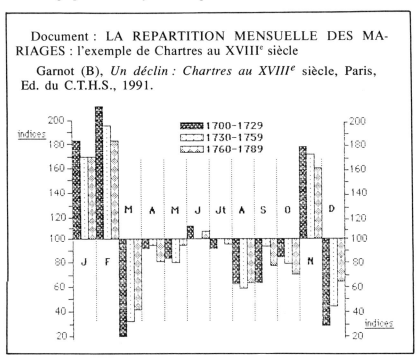

La cérémonie du mariage

Le jour du mariage est arrivé. Avant la cérémonie, il arrive que, dans certaines régions, des coutumes soient respectées ; ainsi, en Bretagne, il est courant que le futur simule le rapt de sa fiancée, et que la famille de celle-ci fasse mine de les poursuivre jusqu'à l'église. Ailleurs, le fiancé emménage dans son nouveau domicile le matin même du mariage, aidé par ses amis.

Quand la cérémonie religieuse commence, les portes de l'église doivent rester ouvertes, faute de quoi le mariage peut être frappé de nullité : il s'agit en effet d'un engagement public, qui ne peut être pris à huis-clos. La famille des fiancés est là, ainsi que les relations, les protecteurs de haut rang si l'on en a. Dans les milieux populaires, chacun surveille son voisin, vérifiant qu'il ne noue pas l'« aiguillette », c'est-à-dire qu'il ne fait pas un nœud à une ficelle, pendant l'échange des promesses : le marié serait alors frappé d'impuissance, et ce serait ensuite toute une histoire pour conjurer le mauvais sort.

La cérémonie terminée, familles et relations sortent de l'église, et la fête commence, conforme à des traditions qui varient selon les régions. Ici, on bénit le lit conjugal, là on décore la maison des nouveaux mariés, partout on boit et on mange abondamment, parfois pendant plusieurs jours, comme c'est le cas en Bretagne. Les veufs ou veuves qui se remarient avec une personne moins âgée qu'eux subissent sous leurs fenêtres un charivari*, qui dégénère parfois en brimades physiques.

Un ménage nouveau est donc né, au terme d'un long processus, qui a vu se succéder trois promesses : la parole, qui attache les individus ; le contrat, qui lie les familles ; la promesse sacramentelle en face de l'Eglise, qui accomplit le mariage.

L'union consommée, une vie nouvelle commence pour les deux époux, vite compliquée par les naissances des enfants. La répartition des tâches se fait à l'intérieur du ménage. Une famille est née, reconnue par la société, consacrée par l'Eglise. Elle constitue dans le village ou la ville une communauté nouvelle, qui remplace une autre communauté disparue récemment ou en voie de disparition.

Chapitre 3 : La natalité

La finalité du mariage est la procréation, conformément à l'enseignement de l'Eglise depuis saint Augustin. Le taux de natalité est proche de 40 ‰, donc plus de deux fois et demi supérieur à ce que nous connaissons aujourd'hui. Pourtant, les naissances sont moins nombreuses qu'on ne pourrait l'imaginer. La lecture et l'analyse des actes de baptêmes - le baptême étant presque toujours célébré le jour même de la naissance, ou le lendemain - montre que le rythme des naissances n'atteignait que rarement une fréquence annuelle. Au fil des siècles, les familles ont même appris à limiter volontairement leur descendance.

Quatre ou cinq enfants en moyenne

Malgré la diversité de la taille des familles, des règles générales peuvent être dégagées, la première étant que presque tous les nouveaux-nés sont des enfants légitimes.

Très peu d'enfants illégitimes

Dans la France rurale, les taux d'illégitimité* sont très bas, presque toujours inférieurs à 1 % du total des naissances, du moins aux XVIIe et XVIIIe siècles, sauf en Basse Normandie, où les proportions approchent 3 %, ce qui reste bien faible. Il est probable que l'illégitimité ait été plus élevée au XVIe siècle, comme le suggère l'exemple du pays Nantais : 3,3 % d'illégitimes, par exemple, dans la paroisse* d'Anetz.

Dans la France urbaine, le niveau de l'illégitimité est plus important que dans les campagnes. Il augmente considérablement dans la deuxième moitié du XVIIIᵉ siècle, atteignant par exemple 12,5 % des baptêmes à Lille en 1785, 10,1 % à Nantes à la fin du XVIIIᵉ siècle, 11 % à Paris en 1773-1777. Mais ces chiffres sont trompeurs, dans la mesure où une importante partie des illégitimes a pour mères des femmes de la campagne, qui viennent accoucher discrètement en ville, surtout dans les paroisses suburbaines.

La diversité des descendances

La diversité de la taille des descendances doit être clairement établie avant d'en venir aux moyennes. Cette diversité est d'abord régionale et sociale. Sur le plan régional, la natalité était plus élevée en Bretagne ou en Ile-de-France que dans le Sud-Ouest ; à l'intérieur d'une même région, les villes sont plus fécondes que les campagnes. Sur le plan social, les ducs et pairs de France ont des descendances beaucoup plus restreintes que les autres catégories sociales ; les vignerons de la région parisienne ont, au XVIIIᵉ siècle, moins d'enfants que les artisans qui vivent dans les mêmes villages. Beaucoup d'autres exemples de cette diversité pourraient être cités.

De plus, dans un même lieu ou dans une même catégorie sociale, la taille des descendances est très variable d'une famille à une autre. Les ménages sans enfant forment un dixième des effectifs ; à l'opposé, les couples ayant au moins une dizaine d'enfants, et parfois plus, sont en proportion comparable. Tous les autres ménages sont en situation intermédiaire, avec deux à huit enfants. La variété des situations est donc la règle.

La diversité de la taille des descendances étant établie, il est maintenant possible et souhaitable de calculer des moyennes : la famille-type d'Ancien Régime a quatre ou cinq enfants. Comment expliquer ce chiffre, qui est élevé par rapport à ce que nous connaissons aujourd'hui, mais relativement bas au regard des possibilités théoriques ?

Prenons un cas exemplaire, en nous contentant de raisonner toujours sur des moyennes, même si celles-ci gomment la diversité de la vie réelle. Nous sommes au XVIIᵉ siècle, où les femmes se marient à 25 ans. C'est peu après la quarantaine que se produit la ménopause, donc plus tôt qu'aujourd'hui. Une femme passe ainsi à peu près 16 ans dans le mariage alors qu'elle est fertile. La première naissance intervient au bout d'un an à un an et demi. A partir de la seconde, les accouchements ne se succèdent plus qu'à un rythme d'une tous les deux ans et demi, les intervalles s'allongeant lors des dernières naissances, pour des raisons en partie physiologiques, liées aux troubles qui précèdent la ménopause. Cette femme, qui aurait théoriquement pu avoir une quinzaine d'enfants, n'en aura eu que six ou sept, donc un peu plus que la moyenne. Pourquoi ?

Les obstacles naturels à la fécondité*

En plus de l'âge tardif au mariage, plusieurs causes expliquent le nombre relativement limité des conceptions : l'allaitement maternel, les stérilités précoces, la mort prématurée des époux.

Les conséquences de l'allaitement maternel

L'allaitement maternel est la cause principale du nombre relativement faible des naissances. Il rend momentanément stériles trois femmes sur quatre, chez qui il déclenche une aménorrhée* provisoire. A cette raison physiologique, il s'ajoute parfois des habitudes sociales, particulièrement des tabous sexuels qui déconseillent tout rapport entre les époux tant que la femme allaite. Nourrir son enfant pendant deux ans, c'est donc retarder d'autant une nouvelle grossesse ; ainsi s'explique que la durée moyenne des intervalles entre les naissances tourne autour de deux ans et demi, et par conséquent le nombre relativement faible des accouchements par rapport aux possibilités théoriques. Nous possédons des preuves « a contrario » de ce phénomène. Quand un enfant meurt en bas âge, par exemple quand il est mort-né, ou quand il décède au cours de sa première année, la mère se retrouve généralement enceinte dans un bref délai, l'ovulation étant revenue rapidement. C'est donc dans les familles où la mortalité des nourrissons est la plus élevée que se produit le plus grand nombre de naissances ; la fécondité importante des femmes en Bretagne, province où la mortalité infantile était, probablement pour des raisons sanitaires, anormalement élevée, s'explique ainsi, comme, pour des raisons exactement inverses, la moindre fécondité des femmes du Sud-Ouest.

Pourtant, toutes les mères ne pratiquent pas l'allaitement. Les femmes de l'aristocratie, dont la vie mondaine est très prenante, font venir des nourrices dans leurs maisons. Mais c'est surtout dans les villes que la mise en nourrice des nouveaux-nés, peu répandue à la fin du Moyen Age, n'a pas cessé de s'amplifier au cours de l'Ancien Régime, avec cependant quelques exceptions notoires, comme Marseille ou, à un niveau inférieur, Chartres, et avec des différences sociales, les milieux de simples salariés la pratiquant moins, pour des raisons financières, que les couples d'artisans et de bourgeois. Ainsi s'explique la fécondité plus importante des femmes des milieux urbains, par comparaison avec celles des milieux ruraux. Les épouses de bouchers lyonnais ont en moyenne, au XVIIIe siècle, douze à seize enfants, pratiquement un tous les ans ; les ménages d'ouvriers soyeux en ont 8,25, et près du tiers compte dix naissances ou plus.

L'influence de la stérilité et des couples brisés

Si l'allaitement maternel est l'explication principale du nombre relativement faible de naissances par rapport aux possibilités théoriques, elle n'est pas la seule. Certains couples sont stériles naturellement, du fait de l'épouse ou du mari. Mais il est certain également qu'une proportion notable de femmes devient stérile précocement, avant l'âge normal de la ménopause. Les conditions d'accouchement sont mauvaises, les infections sont fréquentes, et de nombreuses mères ne peuvent plus avoir d'enfants dès 30 ou 35 ans. Les femmes mariées jeunes, particulièrement celles qui convolent avant l'âge de 20 ans, alors qu'elles sont à peine ou pas encore nubiles, sont les plus touchées par ces stérilités précoces.

De plus, une notable partie des couples est détruite rapidement par la mort d'un des deux conjoints, voire des deux. Ainsi, à Crulai au XVIIIe siècle, plus de la moitié des mariages durait moins de quinze ans, plus du tiers moins de dix ans, la mort de l'un ou l'autre des conjoints ayant amené la rupture du couple. A Chartres, dans les couples où l'épouse s'est mariée entre 20 et 29 ans, la moitié a été brisée avant 10 ans de mariage par le décès du mari ou de la femme chez les maîtres de métiers, et un bon tiers parmi les salariés. Dans l'exemple chartrain, la part de cette mortalité précoce diminue de 10 % en moyenne, toutes familles confondues, donc en incluant celles qui ne la subissent pas, le nombre total des enfants

Il apparaît donc bien que la femme moyenne, mariée vers 25 ou 26 ans, ménaupposée vers 41 ou 42 ans, va avoir entre six ou sept enfants, un tous les deux ans et demi. Enlevons de ce chiffre théorique la part des couples stériles et de ceux qui sont brisés précocement ; tenons compte, à l'inverse, des ménages plus féconds, qui sont minoritaires. Nous arrivons bien à une moyenne de quatre ou cinq enfants par ménage.

Le développement de la contraception

Au XVIIIᵉ siècle, l'importance des postérités commence à diminuer : les familles ont parfois un, voire deux enfants de moins, particulièrement dans les villes. La moyenne des descendances finales est, dans les couples féconds, de 6,15 pour les mariages de 1720-1739, de 5,96 pour ceux de 1740-1769, de 5,63 pour ceux de 1770-1789. Cette évolution est due en partie à la hausse de l'âge au mariage, en partie au développement de la contraception. Les abandons de nouveaux-nés, qui se multiplient simultanément, participent aussi à cette mentalité nouvelle de refus de l'enfant, ou, pour le moins, de trop d'enfants.

La diffusion progressive de la contraception

Les historiens ne peuvent plus aujourd'hui considérer qu'il y aurait eu un « avant » de la contraception, où aucun couple ne limitait sa descendance, et un « après », où elle se serait brusquement généralisée ; la fécondité dite « naturelle » n'a jamais existé. Il y avait déjà des pratiques contraceptives plus ou moins diffuses et plus ou moins marquées, selon les lieux et les époques, un peu partout au XVIIᵉ siècle, et certainement même avant. Comme l'écrit J.-P. Bardet, « peut-on seulement imaginer qu'il ait existé des populations non contraceptives ? Parmi celles qu'on décrit comme telles, se découvrent toujours des couples aux usages suspects. On peut soupçonner qu'une partie de tout groupe a toujours obscurément manipulé les « funestes secrets. » Ainsi, les prêtres qui ont parcouru la Basse Normandie rurale ont constaté que les habitants y pratiquaient quelque peu la contraception vers 1650 ; à la suite d'un effort missionnaire important, cette habitude aurait disparu vers 1720, mais serait réapparue vers la fin du XVIIIᵉ siècle.

Pourtant, même si la contraception n'est pas née de rien vers 1800, et si des couples l'ont connue de tout temps, il ne s'agissait alors que d'une pratique diffuse, ou encore, comme l'écrit J. Dupâquier, « d'une réponse malthusienne... aux problèmes économiques ». Le grand bouleversement contemporain de la Révolution, c'est que la contraception s'installe alors partout et durablement. Ce changement radical de mentalité a été anticipé sous l'Ancien Régime dans certains milieux limités ; il s'est répandu des classes privilégiées jusqu'aux catégories les plus pauvres, et des villes vers les campagnes.

47

La baisse générale et durable de la natalité s'est d'abord limitée à des milieux très restreints, situés au plus haut de l'échelle sociale. L'exemple des familles des ducs et pairs, les plus grands seigneurs du royaume, est assez bien connu. Dès le XVIIᵉ siècle, ils se contentent en moyenne de quatre naissances par famille, et d'un nombre encore plus faible au XVIIIᵉ siècle. Ils tablent sur une mortalité de la moitié de ces enfants; il doit donc, en théorie, rester un garçon pour prolonger la lignée et hériter des richesses, et une seule fille à doter. Si d'autres garçons survivent, on fait de l'un un évêque, de l'autre un militaire; quant aux filles, on les met au couvent. Ainsi, la continuité de la famille et du duché est assurée, et l'émiettement du patrimoine est évité. Pour parvenir à ce résultat, les deux époux cessent de faire chambre commune dès qu'ils ont atteint le nombre d'enfants souhaité; la duchesse est alors étroitement surveillée par son entourage pour l'empêcher de fauter, alors que le duc entretient des maîtresses et contribue activement à accroître les statistiques de l'illégitimité.

Vers la fin du XVIIᵉ siècle et le début du XVIIIᵉ siècle, les habitants des villes commencent également à diminuer d'une manière significative et durable leur postérité. A Rouen, la descendance théorique moyenne des femmes, qui était de 7,37 enfants en 1640-1669, baisse à 4,54 en 1760-1789; le mouvement est amorcé par les notables, suivis par les boutiquiers et employés, puis par les artisans, enfin par les ouvriers. En gros, il y a une soixantaine d'années de décalage entre le premier groupe et le dernier; ainsi, les descendances moyennes des notables sont en 1700-1729 de 4,97 enfants, alors que celles des ouvriers sont de 6,28, et il faudra attendre 1760-1789 pour que ces derniers descendent à 4,90 enfants, alors que les notables en sont à 4,06.

Ce n'est que dans la deuxième moitié du XVIIIᵉ siècle que certaines régions rurales se mettent à leur tour à suivre l'exemple urbain. En Ile-de-France, les vignerons montrent la voie; le nombre moyen de leurs enfants diminue des deux cinquièmes entre le milieu du XVIIIᵉ siècle et le tout début du XIXᵉ siècle. Dans les paroisses rurales du quart nord-ouest de la France, les descendances moyennes des femmes évoluent ainsi : 5,89 enfants pour les mariages de 1670-1699, 5,64 en 1700-1729, 5,62 en 1730-1759, 5,45 en 1760-1789; la baisse est limitée, sans rapport avec les chiffres urbains, mais elle existe.

Dans l'ensemble du royaume, il faut cependant attendre la décennie 1790-1799 pour que la limitation volontaire des naissances s'étende partout dans les campagnes, et pour que la taille des descendances moyennes s'effondre. Le profond bouleversement des valeurs qu'a entraîné la Révolution a favorisé la diffusion dans la majorité des foyers de pratiques qui, dans la seconde moitié du XVIIIᵉ siècle, n'étaient

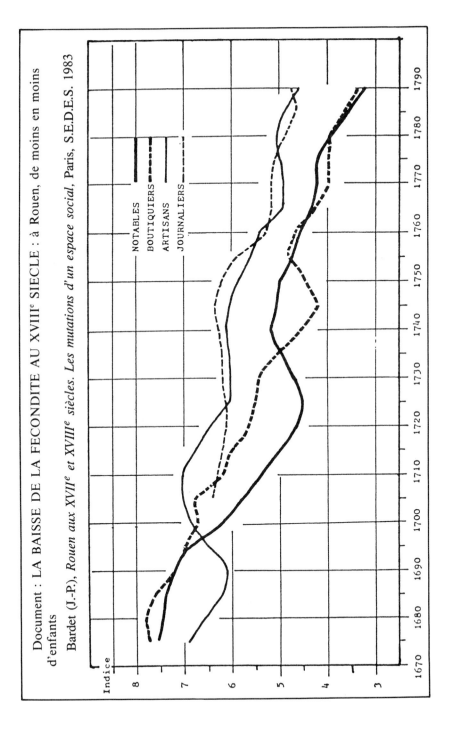

Document : LA BAISSE DE LA FECONDITE AU XVIIIe SIECLE : à Rouen, de moins en moins d'enfants

Bardet (J.-P.), *Rouen aux XVIIe et XVIIIe siècles. Les mutations d'un espace social*, Paris, S.E.D.E.S. 1983

NOTABLES
BOUTIQUIERS
ARTISANS
JOURNALIERS

Indice

8

7

6

5

4

3

1670 1680 1690 1700 1710 1720 1730 1740 1750 1760 1770 1780 1790

encore le fait que d'une minorité; ainsi, ces quelques années ont marqué le tournant capital dans les villages du Bassin Parisien. Mais, répétons-le, ce changement n'est que la généralisation, ou l'extension, de réalités qui existaient depuis fort longtemps, de façon plus ou moins diffuse selon les époques et les milieux.

Les modalités de la contraception : techniques et stratégies

C'est une chose assez aisée de mesurer la diminution des descendances. C'en est une plus délicate de connaître les techniques contraceptives, et surtout les stratégies de limitation des naissances. Pour les premières, les méthodes les plus complexes, comme les préservatifs, les ablutions, les pessaires, existent, mais leur usage est limité au monde de la prostitution et à certains groupes de la haute société. Le moyen privilégié de la contraception est le « coïtus interruptus ».

Des stratégies différentes de limitation des naissances se développent conjointement ou successivement, selon les lieux. La hausse de l'âge au premier mariage au XVIIIe siècle est-elle l'une d'entre elles ? Si elle contribue à la diminution de la taille des descendances, elle n'est pas forcément liée à une volonté consciente d'arriver à ce but; elle dépend surtout, comme on l'a montré dans le chapitre précédent, de raisons économiques : la nécessité d'attendre la mort des parents pour pouvoir s'installer, donc pour pouvoir se marier. Par contre, il existe des révélateurs plus sûrs de la volonté contraceptive : l'âge à la dernière maternité et l'espacement des naissances.

C'est essentiellement, semble-t-il, par l'arrêt précoce des conceptions, que les couples ont cherché, et souvent réussi, à diminuer le nombre de leurs enfants. A Meulan, l'âge moyen à la dernière maternité passe de 40,7 ans en 1660-1739 à 38,4 en 1740-1789. A Rouen, on descend respectivement de 38,6 à 37 ans. A chaque fois, c'est une naissance en moins.

La seconde stratégie possible, qui peut d'ailleurs coexister avec la précédente, consiste à allonger les intervalles entre les naissances. Cette évolution se produit surtout à partir de la troisième naissance : après deux enfants, les couples ralentissent parfois leur rythme de reproduction, et le modifient suivant la destinée des enfants déjà nés (décès ou vie), en fonction peut-être d'un nombre idéal d'enfants souhaité. C'est là une attitude beaucoup plus rurale qu'urbaine. On pourrait d'ailleurs dire, en simplifiant exagérément, que l'arrêt précoce des conceptions est plutôt une stratégie urbaine, et l'allongement des intervalles intergénésiques un choix de populations rurales.

Quand la contraception se développe dans un milieu donné, elle concerne rarement toute la population. A Meulan, au XVIIIe siècle, trois séries de comportements coexistent : certains couples pratiquent un véritable contrôle des naissances, d'autres ne le font que très modérément, d'autres enfin s'en abstiennent quasi-totalement. Il y a, dans ce cas, coexistence d'attitudes différentes.

Mais le phénomène peut être encore plus compliqué quand se développent, à l'intérieur d'un même milieu, des stratégies opposées. L'exemple des classes populaires chartraines est très éclairant sur ce point. Trois attitudes différentes peuvent y être distinguées à partir des mariages de 1730-1759 : les femmes mariées avant 30 ans ont des enfants en plus grand nombre qu'au début du siècle pendant les premières années de leur mariage, mais cessent plus précocement de procréer, après seulement une dizaine d'années de vie conjugale ; les femmes mariées à partir de 30 ans compensent cet âge relativement tardif par une fécondité accrue et par un âge à la dernière maternité un peu plus élevé ; une proportion importante de femmes, à peu près un dixième, choisit une totale infécondité, quel que soit son âge au mariage. Les deux premières attitudes se localisent simultanément dans les seuls quartiers urbains en 1730-1759, après quoi elles se répandent chez les agriculteurs des quartiers suburbains, alors que la troisième reste un monopole strictement urbain et ne se développe qu'à partir de 1760. On voit donc apparaître à Chartres au même moment deux stratégies différentes, et même opposées, devant la fécondité, qui s'enchaînent des milieux urbains aux milieux suburbains avec une trentaine d'années de décalage, au moment où une troisième stratégie fait son apparition en ville. Cet exemple confirme bien que le développement de la limitation des naissances est sans doute beaucoup plus complexe que les historiens ne l'ont cru pendant longtemps, avec des phases successives de hausse et de baisse de la fécondité.

Pourquoi diminuer la taille des descendances ?

Pour expliquer les raisons qui ont mené une partie des Français à choisir de diminuer la taille de leur descendance, il faut malheureusement s'en tenir à des hypothèses.

L'explication la plus probable tient à l'évolution de la mortalité, dont il sera parlé en détail dans le chapitre suivant ; mais il ne s'agit que d'une probabilité, ce qui est bien insuffisant en histoire. Les enfants en bas âge meurent en moins grand nombre au XVIIIe siècle, et surtout à partir des années 1760, que pendant les périodes précédentes ; il n'est donc plus nécessaire de faire autant d'enfants qu'avant pour être sûr d'avoir un descendant. En même temps, l'évolution des mentalités, peut-être induite par cette diminution du nombre des décès parmi les jeunes enfants, fait que les adultes commencent à prêter à l'enfant une attention nouvelle, qui n'existait pas aux siècles précédents ; les Français se seraient donc mis à vouloir moins d'enfants, pour s'en occuper mieux. A cela se serait ajouté un désir, au moins dans les villes, de mieux vivre matériellement, donc de diminuer la charge financière que pouvait constituer une progéniture trop abondante. Bref, la conciliation entre la valorisation de l'enfant, l'allongement de la durée de la vie et les chances meilleures que les enfants avaient de survivre, et le souci de l'héritage et du bien-être du foyer, a amené les Français à restreindre le nombre des naissances.

Simultanément, la baisse de l'influence du clergé, surtout en milieu urbain, a dû jouer un rôle important. Pour l'Eglise, tout ce qui a pour but d'empêcher la procréation est condamnable. Mais comment agir auprès des chrétiens ? Leur interdire ouvertement les pratiques contraceptives, c'est risquer de donner des idées aux naïfs. Ne rien leur dire, c'est laisser les fidèles dans l'ignorance du péché, et sans doute les vouer à la damnation éternelle. Entre ces deux attitudes, le clergé a beaucoup hésité, sans pouvoir réellement influer sur les comportements intimes des Français. En même temps qu'ils devenaient plus sensibles aux idées des Lumières, ceux-ci auraient donc fini par oser braver les commandements de l'Eglise et les vieux tabous, plus ou moins tôt selon les régions, plus ou moins nettement selon les groupes sociaux. Dans cette optique, les avancées et les reculs successifs de la contraception dans plusieurs régions, comme la Basse Normandie rurale, pourraient être interprétées comme des témoins des variations de l'influence du clergé.

D'autres raisons ont pu jouer aussi. L'évolution de l'habillement et des modes est l'une d'entre elles ; le développement du port du corset en ville dans la deuxième moitié du XVIIIe siècle a pu contribuer à la diminution du nombre des grossesses, dans la mesure où il implique une mode qui privilégie les corps minces. La baisse de la taille des descendances peut donc découler de causes diverses et multiples, dont certaines semblent à première vue se situer très loin des comportements démographiques, mais qui interfèrent pourtant sur elles.

La hausse des abandons

Les abandons d'enfants participent à la mentalité de refus d'un trop grand nombre d'enfants, qui se développe pendant la deuxième moitié du XVIIIe siècle, et dont la progression de la contraception n'est qu'un aspect. L'abandon est souvent le résultat d'une contraception qui a échoué; c'est, d'une certaine manière, une contraception après la naissance.

Il y a deux catégories d'enfants abandonnés : les enfants abandonnés*
au sens strict, et les enfants trouvés*. Une partie de ces enfants est
constituée d'enfants illégitimes, dans des proportions qui sont très
difficiles à préciser : en Anjou, ils paraissent en fournir la majorité entre
1740 et 1789, mais la minorité seulement en Languedoc vers la même
époque.

Quelle que soit leur origine, le nombre annuel des enfants abandonnés
augmente énormément au cours du XVIII° siècle. Ils se trouvent presque
exclusivement dans les cités; une partie d'entre eux est née, certes, d'une
mère citadine; mais beaucoup sont les enfants illégitimes de filles de la
campagne, venues accoucher discrètement en ville. A Paris, le nombre
annuel des enfants trouvés, qui n'était que de 305 en moyenne en
1640-1649, passe à 1.675 en 1710-1719, et à 6.703 en 1770-1779; en 1772,
l'hôpital des Enfants Trouvés reçoit 7.676 enfants.

Les naissances

Il existe un calendrier saisonnier des conceptions, donc des accouchements, qui s'accompagnent de tout un environnement de rites et
d'habitudes sociales. Mais ils ne doivent pas cacher l'essentiel : grossesse
et accouchement sont pour les femmes une aventure dangereuse.

Les rythmes saisonniers

Le nombre des naissances n'est pas égal d'un mois à l'autre. Plutôt que
celui de la natalité, qui n'en est que la conséquence, il faut mieux
examiner le rythme des conceptions, seule notion valable pour connaître
le mouvement saisonnier de la fécondité.

Dans la France rurale du XVIII° siècle, le nombre de conceptions le
plus important se situe en mai et en juin, avec des maxima secondaires
en novembre, décembre et janvier; les minima se produisent à la fin de
l'été et à la fin de l'hiver; cette périodisation est moins nette en ville, et
s'atténue au fil des décennies, surtout au XVIII° siècle.

Les maxima s'expliquent à la fois par les influences « naturelles » et,
secondairement, par les conséquences du rythme des mariages. Quant

aux minima, leur interprétation est plus délicate. Les creux de fin d'hiver ont souvent été expliqués par l'application des enseignements de l'Eglise, qui déconseille les rapports sexuels pendant le Carême; mais cette interprétation est difficile à admettre pour la majorité de la population; en fait, le jeûne du Carême suffit à entraîner chez les femmes maigres une aménorrhée provisoire, d'où la diminution notable du total des conceptions pendant cette période. Quant aux minima d'été, ils s'expliquent par la fatigue des gros travaux agricoles, ainsi que par la morbidité importante pendant cette saison.

Accouchements et obstétrique

Arrive le moment de l'accouchement : c'est un épisode de la vie qui comporte de grands risques, pour la mère comme pour l'enfant. Les familles les plus aisées font parfois appel à des chirurgiens, dont l'incompétence était plus que probable. Mais dans l'immense majorité des cas, l'accouchement est l'affaire des seules femmes, sages-femmes et matrones. Dans la Bretagne de la fin du XVIIIᵉ siècle, il y avait 1,4 sage-femme ou matrone pour 10.000 habitants, la plupart des matrones exerçant en milieu rural, et la moitié des sages-femmes en ville.

Trois catégories de sages-femmes coexistent au XVIIIᵉ siècle. Les sages-femmes « reçues », ou « jurées », sont celles qui ont été admises à exercer par un médecin ou par un chirurgien, en général après un stage à l'Hôtel-Dieu. Les sages-femmes « autorisées » n'ont pas de lettres de réception délivrées par le corps médical, mais ont le droit d'exercer leur art. Les sages-femmes « instruites » ont suivi un ou plusieurs cours d'accouchement auprès d'un chirurgien-démonstrateur, et ont reçu un certificat. Dans l'ensemble, et malgré des progrès à la fin du XVIIIᵉ siècle, leur qualification reste très limitée. De toute façon, elles ne constituent qu'une petite partie du monde qui pratique l'accouchement : l'essentiel, surtout à la campagne, c'est la matrone.

Les matrones sont des femmes du village ou du quartier, souvent veuves, dont on exige seulement un examen de moralité devant un curé et un juge, ce qui peut offrir une garantie de respectabilité, mais pas de compétence médicale. D'où une importante mortalité, surtout parmi les nouveaux-nés, sur laquelle nous reviendrons dans le chapitre suivant. De plus, les malformations consécutives à la maladresse des matrones ne sont pas rares; nombre d'éclopés, alors nombreux dans les rues des villes et dans les villages, le sont depuis la naissance. Vu les risques courus, il est donc logique qu'un grand nombre de superstitions et de pratiques magiques soit censé préparer et assurer une grossesse tranquille et un accouchement facile.

L'iconographie permet de savoir comment se déroulait concrètement un accouchement au XVIIe siècle, du moins dans les milieux aisés, donc dans des conditions bien meilleures que dans les catégories populaires. Sur une gravure d'Abraham Brosse, l'accouchée est sur un divan pliant, près d'une cheminée. Sur une chaise, à côté, un coffret contient le matériel de la sage-femme, qui s'apprête à recueillir l'enfant dont la tête apparaît. Quatre autres femmes entourent et soutiennent la parturiente. Le mari se tient en retrait; il est le seul homme présent.

Il faut attendre le XVIIIe siècle pour que l'obstétrique* devienne une véritable science autonome et fasse de réels progrès. Des cours sont inaugurés à la faculté de médecine de Strasbourg en 1728, à celle de Paris en 1745. Des manuels commencent à être imprimés, comme les *Instructions succinctes sur les accouchements en faveur des sages-femmes de province, faites par ordres du ministère* en 1769. Baudelocque forme à Paris une centaine de sages-femmes par an. En même temps, les techniques progressent. La césarienne est connue depuis le XVIe siècle; les forceps, mis au point en 1747, sont adoptés dans la deuxième moitié du XVIIIe siècle, avec la courbure pelvienne. Madame du Coudray, sage-femme parisienne, effectue, dans les années 1770 et jusqu'en 1783, des tournées de conférences en province, expliquant inlassablement les méthodes nouvelles aux matrones et sages-femmes. Cependant, ces progrès ne se répandent que très lentement : pour la plus grande partie du royaume, la situation n'a pas fondamentalement changé entre 1500 et 1760, et même 1800.

Après l'accouchement

Après l'accouchement, les femmes du village ou du quartier viennent visiter la mère. Le thème des « caquets de l'accouchée » a été à maintes reprises utilisé par les écrivains. En fait, seules les femmes des milieux privilégiés peuvent s'offrir une longue convalescence. Les femmes du peuple se lèvent dès que possible, parfois dès le lendemain de l'accouchement.

Le nouveau-né est un mort en puissance. Il faut donc le baptiser rapidement, pour lui permettre d'aller au paradis en cas de mort précoce. Les enfants morts-nés, ou nés mourants, sont aussitôt ondoyés par la sage-femme; si le nourrisson survit, l'ondoiement est confirmé ultérieurement par le curé. Le baptême doit être célébré comme une fête. C'est pourquoi l'enfant est vêtu aussi somptueusement que possible; les cloches sonnent à toute volée. Les parrains et marraines, qui choisissent le prénom, sont pris le plus souvent dans la famille : grand-père et grand-mère s'ils sont encore en vie, oncle et tante le plus fréquemment. La mère n'assiste pas au baptême, puisque celui-ci a lieu quelques heures seulement après la naissance, ou le lendemain. Quelques jours après, elle participe à la cérémonie des relevailles, d'ailleurs pas obligatoire, qui consiste à se rendre à l'église de la paroisse, où le curé prononce une bénédiction purificatoire et célèbre une messe à son intention. Toute une série de superstitions accompagne la cérémonie. Ainsi, de crainte de ne plus avoir d'enfants, une femme ne doit pas se relever un vendredi, ni un jour où un mariage vient d'être célébré; elle doit éviter de prendre de l'eau bénite dans l'église avant d'être purifiée; en sortant de l'église après la cérémonie, elle doit observer les premières personnes qu'elle rencontre : « gens de bien ou méchantes gens, son enfant tiendra infailliblement des uns ou des autres », rapporte le curé Jean-Baptiste Thiers. Toutes ces superstitions sont condamnées par l'Eglise, sans guère de succès.

Les Français des XVIe, XVIIe et XVIIIe siècles désiraient-ils vraiment ces nombreux enfants qui leur naissaient ? Il est difficile de le savoir, dans la mesure où nous avons bien peu de témoignages écrits. Les uns montrent de l'indifférence envers les enfants, les autres un véritable attachement. La seule certitude que nous ayons concerne l'apparition d'un sentiment nouveau à l'égard de l'enfance dans les milieux cultivés au XVIIIe siècle : l'enfant commence à être considéré comme tel, avec sa psychologie propre, et non plus comme un adulte en miniature. Mais pour les classes populaires, qui constituaient la grande majorité de la population, nous ignorons à peu près totalement leurs sentiments, et nous les ignorerons probablement toujours.

Chapitre 4 : La mortalité

Les taux moyens de mortalité oscillent, sous l'Ancien Régime, entre 30 et 38 ‰, soit trois fois plus qu'aujourd'hui. L'âge moyen au décès est très précoce : à peine plus d'une vingtaine d'années au XVIIᵉ siècle, 29,6 ans en 1770-1790. Un individu âgé de 50 ans est déjà considéré comme un vieillard ; les barbons des comédies de Molière ont à peine cet âge. Pourtant, on rencontre dans les actes de sépulture des nonagénaires ; tout le monde connaît le cas de Fontenelle, mort centenaire ; Louis XIV avait 76 ans le jour de son décès, Voltaire 84 ans... Ce qui prouve que certains pouvaient vivre très vieux.

En fait, les moyennes n'ont pas grande signification, parce qu'elles sont faussées par l'énorme mortalité des enfants. De plus, des crises courtes, mais très violentes, fauchent à intervalles irréguliers une partie des habitants. Pour y voir clair, il est nécessaire de distinguer deux grands types de mortalité : la mortalité « ordinaire » et la mortalité « extraordinaire ».

La mortalité ordinaire

La mortalité ordinaire est surtout caractérisée par des taux énormes de mortalité infantile* et juvénile*, les adultes payant à la mort un tribut moins important.

Les conditions générales de la mortalité

Les taux de mortalité varient en fonction du niveau social. Si les causes des décès sont très diverses - elles vont des carences alimentaires aux épidémies, en passant par les accidents, les conditions de travail, l'hygiène, l'insalubrité, les guerres, l'impuissance de la médecine, etc -, les mauvaises conditions matérielles de la vie des classes populaires en font des victimes privilégiées. Les aisés vivent mieux et plus longtemps.

La malnutrition et l'absence d'hygiène sont les principaux fléaux. Certes, la saleté du corps est pratiquement aussi répandue dans l'aristocratie que chez les plus pauvres; mais les gens du peuple s'entassent dans les quartiers insalubres des villes, véritables cloaques permanents, ou dans les pièces uniques, souvent à lit unique, des habitations rurales, alors que les riches occupent des hôtels particuliers ou des châteaux, protégés des pollutions et entourés de jardins. L'alimentation aussi varie beaucoup selon les milieux. Celle des pauvres est de mauvaise qualité, parce que fondée pour l'essentiel sur la consommation de céréales et de légumes secs, avec peu de viande, ce qui entraîne un déséquilibre alimentaire et des carences. A l'inverse, les riches consomment beaucoup de viande. De plus, l'eau des puits et des rivières est souvent polluée, par exemple dans les villes par les peaux d'animaux que les tanneurs y mettent à assouplir, et le vin, seule boisson saine grâce à l'alcool qu'il contient, est trop cher pour le peuple.

Les différences importantes des conditions de vie selon les milieux entraînent donc une nette inégalité sociale devant la mort : les pauvres décèdent plus jeunes que les riches. A Chartres, les chanoines de la cathédrale meurent au XVIIIᵉ siècle en moyenne à 72 ans, les salariés à 49 ans. Pas très loin de Chartres, dans les campagnes du Thymerais, entre 1765 et 1791, les probabilités de survie à 15 ans pour 1.000 enfants sont de 587 chez les laboureurs*, et de 515 seulement chez les journaliers*. La misère est donc mortifère.

L'énorme mortalité des enfants

Près de la moitié des enfants meurt avant l'âge adulte. Entre 1740 et 1789, sur 1.000 enfants nés vivants, le nombre des survivants à dix ans est de 525. Comme l'écrit P. Goubert, « il fallait deux enfants pour produire un adulte ».

La mortalité infantile

La moitié des petits morts décède avant le premier anniversaire, très souvent dans les jours ou les semaines qui suivent la naissance. Le taux de mortalité infantile, qui est aujourd'hui de 11 ‰, atteint 280 ‰ entre

1740 et 1789, avec de fortes différences selon les régions : 140 ‰ à Port-en-Bessin, en Normandie, au XVIIIᵉ siècle, 374 ‰ à Sennely en Sologne entre 1680 et 1779, 200 ‰ à Meulan entre 1740 et 1789, etc.

La mortalité infantile a des origines variées. Elle peuvent être classées en deux catégories, qu'expose ainsi F. Lebrun : « ou bien l'enfant est victime de tares héréditaires, soit de malformations congénitales lui ôtant toutes chances de vivre plus de quelques heures ou de quelques jours, soit de lésions au cours de l'accouchement, et l'on parle alors de mortalité endogène; ou bien il est victime de maladies contractées après la naissance ou d'accidents survenus après celle-ci et sans rapport avec elle, et l'on parlera alors de mortalité exogène ».

La mortalité endogène est la plus importante. Dans la petite paroisse* angevine de Mouliherne, sa part est, entre 1700 et 1790, de 51,2 % du total des décès d'enfants âgés de moins d'un an, soit 14,6 % de la mortalité totale. Elle est encore plus grande dans la petite ville normande de Crulai, où elle atteint 16 %. Ces chiffres considérables s'expliquent surtout par les conditions déplorables dans lesquels se déroulent les accouchements : il en découle souvent des traumatismes obstétricaux funestes aux nouveaux-nés, auxquels il faut ajouter les conséquences du tétanos ombilical, dû au manque d'hygiène. Ce type d'accident est particulièrement fréquent dans les Hôtels-Dieu, où accouchent les femmes les plus pauvres, et où les matrones passent d'une accouchée à l'autre sans même se laver les mains, transmettant ainsi les infections.

Les causes de la mortalité exogène ne manquent pas non plus. Elle est surtout due à des troubles digestifs, notamment la diarrhée du nourrisson, virulente pendant l'été, et aux différentes formes de toxicose. Elle est plus importante dans les quartiers populaires des villes, où l'hygiène est très mauvaise, dans les régions marécageuses et malsaines, et à la saison des grands travaux agricoles, quand les mères, épuisées par les travaux harassants, ne peuvent fournir à leurs rejetons qu'un lait de mauvaise qualité.

La mise en nourrice augmente beaucoup la mortalité des nouveaux-nés des villes, surtout quand il s'agit d'enfants abandonnés, placés à la campagne par les institutions d'assistance. Les conditions de transport sont effroyables et, une fois arrivés, les enfants survivants subissent une hygiène et une nourriture déplorables, beaucoup de nourrices cherchant à gagner le plus d'argent possible et recevant davantage d'enfants qu'elles ne peuvent en nourrir. Il n'est pas rare de constater parmi ces nourrissons des taux de mortalité atteignant ou dépassant 90 % : la mortalité à moins d'un an est de 90,8 % parmi les enfants envoyés en nourrice par l'Hôtel-Dieu de Rouen, de 76 % à Meulan, de 79,2 % pour les enfants parisiens placés dans le Beauvaisis, etc; dans le meilleur des cas, un enfant sur deux franchit le cap de sa première année. Quant aux nouveaux-nés des milieux aisés, qui sont confiés directement par leurs parents à une nourrice, ils supportent beaucoup mieux leur sort, puisqu'ils sont envoyés moins loin que les enfants trouvés, chez des gens connus des parents et correctement payés, donc plus attentifs au sort de l'enfant qui leur est confié.

La mortalité juvénile

Passé le cap du premier anniversaire, l'enfant est loin d'être tiré d'affaire. La mortalité juvénile est très élevée, surtout entre un et cinq ans. Les maladies de l'enfance, comme la rougeole, la varicelle, la coqueluche, les oreillons (les « oripeaux »), la rubéole, aujourd'hui bénignes, sont souvent mortelles. La diphtérie est des plus redoutées. La variole et la dysenterie, bien que n'étant pas des maladies spécifiquement infantiles, frappent surtout les enfants; la variole est responsable, à elle seule, de plus du quart des décès d'enfants entre un et quatre ans.

Aux maladies, il faut ajouter les accidents. En ville, des enfants passent sous des charrettes, se noient dans les rivières, brûlent dans des incendies. A la campagne, certains périssent d'insolation, attrapée aux champs pendant que les adultes travaillent, ou sont dévorés par les animaux domestiques, comme les porcs, ou sauvages, comme les loups, ou encore sont piétinés par un taureau furieux. D'autres meurent parfois étouffés dans le lit qu'ils partagent avec leurs parents, sans qu'on sache toujours si l'accident n'a pas été voulu par le père et par la mère, quand ils sont déjà trop chargés d'enfants.

Les décès des enfants sont surtout nombreux pendant l'été et au début de l'automne, c'est-à-dire aux mois chauds. Les organismes juvéniles sont alors moins résistants aux germes et aux virus qui prolifèrent. L'absence d'hygiène ne s'en fait que plus fortement sentir. Les intoxications alimentaires sont fréquentes à cette saison; beaucoup d'enfants n'y résistent pas. A Lyon par exemple, dans la paroisse Saint-Nizier, 42,1 % des enfants décédés sont morts pendant l'été.

La mort des adultes

Seuls les plus robustes atteignent l'âge l'adulte. Ils peuvent alors espérer vivre en moyenne jusqu'à une quarantaine d'années, mais avec, évidemment, d'importantes différences selon les individus. La mortalité masculine est un peu supérieure à la mortalité féminine, sauf entre 20 et

29 ans, et surtout entre 30 et 39 ans, du fait de la mortalité des femmes en couches. Celle-ci ne doit pourtant pas être surestimée; durant la seconde moitié du XVIIIe siècle, le risque de mortalité des accouchées n'est pas supérieur à 1 ou 2 %, proportion certes notable, mais à peine plus élevée que la mortalité causée chez les hommes aux mêmes âges par les accidents du travail.

Hommes et femmes se retrouvent égaux devant les maladies : la rage, si redoutée; les affections pulmonaires, dont la plupart sont confondues sous le nom de phtisie, parmi lesquelles la tuberculose pulmonaire fait des ravages dans les campagnes; les tumeurs cancéreuses, dont la plus courante est le cancer du sein, mais qui sont beaucoup moins fréquentes qu'aujourd'hui, sans doute parce que les humains vivent moins long-temps; les maladies vénériennes, regroupées sous le nom de vérole, qui font partie de la vie quotidienne. A ce catalogue morbide, il faut évidemment ajouter les grandes maladies épidémiques, qui seront présen-tées un peu plus loin.

Il existe aussi, comme pour les enfants, un calendrier de la mort des adultes. Les jeunes adultes, de 20 à 40-45 ans, meurent à toute époque de l'année en ville, mais à la campagne plus souvent en septembre, octobre et novembre, du fait des fatigues des travaux des champs, qui rendent leurs organismes plus fragiles. Les anciens payent à la mort leur plus important tribut pendant les mois d'hiver; le froid entraîne la prolifération des grippes et des affections pulmonaires, qui leur sont souvent fatales.

La mortalité extraordinaire : les crises

Au-delà des aspects ordinaires de la mort, la démographie d'Ancien Régime est caractérisée par de brutales flambées de mortalité, qui se traduisent sur les courbes annuelles des décès d'une paroisse par des « clochers » plus ou moins marqués. La crise démographique est l'un des traits essentiels de la démographie ancienne.

Le mécanisme des crises démographiques

Le mécanisme classique d'une crise démographique, tel qu'il apparaît sur les courbes, est le suivant : une brusque poussée des sépultures, multipliant jusqu'à quatre ou cinq fois les chiffres de décès habituels, accompagnée d'une forte baisse des conceptions et d'un effondrement du nombre des mariages. La durée de chaque crise varie entre six mois et deux ans, soit en continu, soit sous la forme d'une succession de crises brèves, séparées par de courts répits. Puis s'amorce la reprise : les sépultures redescendent à un niveau habituel, les conceptions et les mariages entreprennent un rattrapage, atteignant des niveaux bien plus élevés que la moyenne des années précédentes. Il peut cependant y avoir crise sans chute très marquée de la nuptialité et de la natalité, lorsque la mortalité dure longtemps. Les mêmes phénomènes se reproduisent en moyenne tous les dix à quinze ans, parfois plus fréquemment, aux XVIe et XVIIe siècles, et s'atténuent au XVIIIe siècle.

Une crise peut tuer en quelques mois le quart de la population d'un village, le dixième de celui d'une ville, et parfois beaucoup plus ; en règle générale, la ponction est comprise entre 10 et 15 % des habitants. Ce sont les décès d'adultes et d'adolescents qui s'accroissent le plus, ceux des enfants et des personnes âgées diminuant en proportions, mais pas en chiffres absolus. Si les vides laissés par les décès sont ensuite assez rapidement comblés, du fait de la hausse de la nuptialité et de la fécondité qui suit immédiatement chaque crise, les classes creuses se répercutent, 20 à 30 ans plus tard, dans le nombre des conceptions.

Les causes des crises

L'explication de ces crises a suscité, et suscite encore, bien des débats. Dès 1946, J. Meuvret établit le lien entre les crises démographiques et le prix du blé, et définit les crises comme des crises de subsistances. P. Goubert analyse dans cette même optique les crises du Beauvaisis. Les causes sont les suivantes : après un « été pourri », c'est-à-dire trop frais et pluvieux, le prix des grains, donc celui du pain, augmente dans de très fortes proportions, qui peuvent aller jusqu'au décuplement. Si la récolte suivante est aussi mauvaise, les prix hauts se maintiennent, et les classes populaires, qui n'ont pu tenir jusque là qu'en s'endettant, sont acculées à la disette et à la famine. La crise démographique se déclenche alors, telle qu'elle vient d'être décrite. Dans cette optique, le rôle principal est joué par les subsistances : elles sont à l'origine de la famine, laquelle entraîne la mortalité et la baisse des conceptions, à cause de l'aménor-rhée* que la sous-alimentation déclenche chez un grand nombre de femmes, ainsi que l'effondrement des mariages, beaucoup de futurs couples étant brisés prématurément, et les autres attendant des temps meilleurs pour convoler.

Cependant, cette explication d'ensemble a été fortement contestée par R. Baehrel et par P. Chaunu, qui dénonce en 1962 « la légende noire de la faim de l'Europe moderne » et la crise de subsistances, « tarte à la crème de la démographie de l'Ancien Régime », ajoutant : « ce n'est pas la faim qui tue, mais les à-côtés de la faim... C'est l'épidémie qui tue, l'épidémie dont les avenues sont ouvertes par la fatigue, la sous-alimentation accidentelle, l'errance des plus pauvres, les imprudences alimentaires de beaucoup, l'inquiétude, la désespérance. » Et en effet, la mort par la faim est impossible dans de nombreuses régions : sur la côte, on a toujours le recours de la pêche à pied ; dans le bocage, l'élevage fournit toujours de la viande ; dans les forêts, on trouve toujours de la nourriture. La plupart des Français étaient à l'abri de l'inanition. Certains historiens vont encore plus loin ; pour eux, la faim ne joue aucun rôle dans l'apparition des crises démographiques, qui sont dues uniquement à des épidémies, lesquelles se déclenchent sans lien avec le niveau des subsistances, puisqu'elles frappent indifféremment les régions peu peuplées et les zones à forte densité.

Il est bien difficile de trancher entre ces opinions contradictoires et d'établir un modèle valable dans tous les cas. La réalité est nuancée. Il existe plusieurs types de crises démographiques : il y a des épidémies « pures », qui tuent sans aucun lien avec une crise de subsistances, comme c'est souvent le cas des grandes épidémies de peste ; il y a des crises de subsistances qui ne tuent pas directement, mais qui, affaiblissant les organismes, préparent le terrain à l'épidémie ; enfin il y a des crises de subsistances « pures », où la faim est la seule responsable des décès : c'est le cas le plus rare. Il y a surtout des crises démographiques complexes, où la maladie et la disette s'épaulent mutuellement. Et il y a aussi une différenciation sociale de l'impact des épidémies : les riches en souffrent moins que les pauvres, soit parce qu'ils sont mieux nourris, donc plus résistants, soit parce qu'ils peuvent se protéger plus facilement de la contagion, par exemple en quittant provisoirement la région infectée.

L'Anjou sous le règne de Louis XVI constitue un très bon exemple de cette imbrication de phénomènes multiples. Le bilan démographique pendant cette période y est nul, surtout à cause des épidémies : dysenterie bacillaire d'août à décembre 1768, fièvre putride pourprée de septembre 1773 à octobre 1774, dysenterie à l'été et à l'automne 1779, maladies pleuro-pulmonaires en 1782-1783 et en 1785. Le rôle des épidémies est donc évident. Mais en réalité, les choses sont moins simples, puisque les régions frappées, si elles ne sont pas les plus peuplées, sont les plus pauvres de la province et, à l'intérieur de celles-ci, les habitants les moins aisés sont les plus atteints par les maladies. Comme l'écrit F. Lebrun, il y a « une véritable pathologie de la misère, une conjonction disette-misère-épidémie-surmortalité qui ne fait aucun doute ». Les médecins envoyés par l'intendant* pour combattre l'épidémie en sont d'ailleurs bien conscients, puisqu'ils dépensent davantage en bouillons et aliments pour les convalescents qu'en médicaments pour les malades.

Il ne faut pas non plus oublier l'influence des événements militaires dans le déclenchement de certaines crises démographiques. Si la plus grande partie du royaume souffre des guerres, civiles ou étrangères, pendant les XVIᵉ et XVIIᵉ siècles, les provinces frontalières du Nord et de l'Est sont les plus touchées, surtout pendant la période « française » de la Guerre de Trente Ans, au milieu du XVIIᵉ siècle. Au XVIIIᵉ siècle, après le règne de Louis XIV, la guerre épargne presque toute la France. La nocivité des événements militaires est surtout sensible à long terme, non pas tant à cause des massacres de civils, que de la propagation des épidémies par les soldats (en 1628, ils ont propagé la peste dans le Midi et le Sud-Ouest, et en 1652 en région parisienne), ainsi que de l'abandon

---

Document : LES CONSEQUENCES DE LA GUERRE

Cahier de doléances de la paroisse de Bouglainval (fin du XVIᵉ siècle)

« Les manans et habitans de la paroisse de Bouglainval disent et se plaignent que, depuis le vingtième jour d'octobre mil cinq cents soixante et quinze, les gens de guerre ont toujours loger en ladite paroisse, jusque le quinzième jour de juin dernier passé et, estant logés, ont prins et ransonné les personnes à grand sommes de denier, batuz, oultragez, emporté leurs meubles, leurs chevauls, forcent les femmes, violent les filles, et faict toult outrage execrable, ronpent leurs coffres, challitz, bancz, tables et tous leurs mesnages, emmènent leurs charettes et chevaux pour en tirer argent desdits laboureurs, coupent la gorge aux bestes de laine, les laissent tués manger aux chiens, et font tout aultres mauvais traitements que jamais homme n'aist ouy dire ne rien faire; tellement que, sy lesdits gens de guerre veullent revenir, le pauvre peuple sera et est contraint laisser maison et tous leurs biens, mesme que les labours demeurent à faire et à labourer, parce que lesdits laboureurs et aultres personnes sont en tout ruynez et destruictz. »

---

des cultures par des paysans terrorisés et découragés par les passages des gens de guerre et leurs destructions continuelles : la famine s'installe alors, et l'épidémie l'accompagne ou la suit.

Les diverses épidémies

Lorsqu'une épidémie est attestée, il est souvent difficile de savoir de quelle maladie il s'agit : les registres paroissiaux n'apportent que très rarement des descriptions des symptômes, et le mot de « peste », souvent employé, n'est en réalité qu'un terme générique, qui signifie simplement « maladie ».

La vraie peste, sous ses formes bubonique ou pulmonaire, est le fléau le plus redouté. Arrivée en Europe au milieu du XIVᵉ siècle, elle règne en France à l'état endémique pendant toute la première moitié du XVIIᵉ siècle, avec des flambées épidémiques plus ou moins graves et étendues. C'est « le mal qui répand la terreur », d'abord parce qu'il est extrêmement contagieux, le principal vecteur étant, plus que le rat, l'homme sale porteur de puces, et surtout parce que la plupart de ceux qui en sont atteints n'en réchappent pas : 60 % à 80 % de décès sous la forme bubonique, 100 % sous la forme pulmonaire. C'est pourquoi, quand la peste apparaît dans une ville ou dans un village, c'est aussitôt la panique ; chez beaucoup, tout sentiment d'humanité disparaît, et on abandonne les mourants à leurs souffrances, de crainte d'être atteint à son tour par la maladie ; l'unique protection efficace est la fuite, vite et loin, que seuls les riches peuvent se permettre. Entre 1600 et 1670, le nombre total des victimes de la peste dans le royaume est compris entre 2.200.000 et 3.300.000 ; les groupes d'âges les plus jeunes sont frappés en priorité, ce qui entraîne ensuite des phénomènes de « classes creuses », particulièrement lourds de conséquences pour l'avenir.

Mais il est d'autres fléaux ; parmi eux, les plus redoutés sont la variole, la dysenterie, le typhus, le paludisme, et même des maladies comme la grippe, qui peut tuer des centaines de personnes dans une ville en un seul hiver. La dysenterie, sous sa forme bacillaire, est l'épidémie la plus meurtrière après la peste ; son extension est favorisée par la mauvaise alimentation, surtout les fruits verts et l'eau impure, et elle est très contagieuse, particulièrement parmi les enfants et les adolescents. Le paludisme, appelé « fièvres intermittentes », « fièvres des marais » ou simplement « fièvres », endémique dans les régions marécageuses, comme la Sologne ou la Camargue, et dans les bas quartiers des villes, éclate parfois en épidémies violentes. Les attaques de la variole reviennent à intervalles à peu près réguliers dans chaque site, tous les dix à quinze ans, tuant entre 15 et 20 % des malades; elle touche surtout les enfants, mais pas exclusivement : Louis XV en est mort; une paroisse peut perdre ainsi en quelques mois entre le tiers et le quart de ses enfants de moins de quatorze ans. Quant au typhus exanthématique, transmis par les poux, il est surtout le lot des marins et des soldats, qui contaminent parfois les populations civiles, comme c'est fréquemment le cas en Bretagne.

La chronologie des crises démographiques

Les catastrophes démographiques du XVIe siècle ne sont pas bien connues au niveau national, faute de sources ou d'études. Il n'en va pas de même pour les 200 ans suivants

Les crises démographiques du XVIIe siècle

La première grande crise démographique du XVIIe siècle est celle des années 1628-1632, qui est le type même de la crise complexe : peste, à laquelle s'ajoute une terrible crise de subsistances, la guerre faisant également sentir ses effets à partir de 1630. Pendant ces cinq années, la peste seule aurait tué dans le royaume entre 750.000 et 1.150.000 personnes.

La crise de la Fronde (1649-1653) a épargné l'Ouest et le Centre, mais le Nord, le centre du Bassin Parisien, l'Est, une partie du Massif Central, connaissent des « années d'Apocalypse », dues à une longue crise de subsistances, provoquée par une série d'années humides et froides, et aggravée par la guerre. Dans certaines régions, comme le Beauvaisis, un véritable effondrement démographique se produit, causé surtout par la hausse des prix des grains, les épidémies faisant le reste. La corrélation est frappante entre la courbe des sépultures et celle de la mercuriale*.

Dix ans plus tard, entre 1660 et 1663, c'est la crise de l'Avénement, qui touche essentiellement le nord, le centre et l'est du royaume. La famine en est la composante la plus importante, mais n'est ni la première ni la seule, l'épidémie la devançant dans plusieurs régions, comme l'Anjou. Trois mauvaises années climatiques, donc frumentaires, se succèdent. La population du royaume a sans doute diminué d'un à un million et demi d'habitants entre 1660 et 1664.

La crise de 1693-1694 touche toutes les provinces, et constitue la plus grande catastrophe démographique du règne de Louis XIV. Elle est due aux mauvaises récoltes de 1692 et de 1693, avec leurs conséquences

66

habituelles, de la hausse du prix du pain à la disette et aux épidémies. Nous connaissons mieux les conséquences de cette crise que celles des catastrophes précédentes, grâce aux registres paroissiaux* : les conceptions sont amputées de moitié, les décès sont multipliés par trois à six. Dans certaines paroisses, un quart de la population disparaît. A Rouen, qui compte près de 70.000 habitants, on enterre 13.000 corps en deux ans, contre 2.500 en année normale. Au total, c'est sans doute 10 à 15 % des Français qui disparaissent pendant cette période tragique, soit deux à trois millions de morts.

Les crises atténuées du XVIIIe siècle

A partir de la fin du règne de Louis XIV, commence une période où les surmortalités n'atteignent plus le niveau des grandes crises du XVIIe siècle.

Les années 1709-1710, précédées par des épidémies de dysenterie en 1706 et en 1707, sont marquées par une très forte hausse des prix des grains en 1709, conséquence du « grand hiver » qui sévit du 6 janvier à la mi-février. Mais la surmortalité des mois suivants, en gros un doublement des chiffres habituels, est due essentiellement à des épidémies, notamment de fièvre typhoïde, la hausse des prix céréaliers n'ayant pas les conséquences qu'elle aurait eues au siècle précédent : la mercuriale s'efface devant les épidémies et les conséquences démographiques de la crise sont importantes, mais moins qu'en 1693-1694 : autour d'1,4 million de décès.

La crise de 1738-1742 est complexe. Il s'agit de deux crises de subsistances distinctes, encadrant une épidémie, mais parfois aussi précédées ou suivies d'épidémies, notamment de forme broncho-pulmonaire. Pour l'ensemble de la France, les trois années 1740, 1741 et 1742 totalisent 2.228.400 décès, soit 742.800 en moyenne chaque année, alors que la moyenne annuelle de la décennie 1743-1752 est de 687.290 morts. La crise est donc sensible, mais sans comparaison avec les mortalités du XVIIe siècle. C'est le dernier grand événement de ce type d'ampleur nationale.

Les crises localisées

En plus des grandes crises nationales, de multiples crises démographiques plus ou moins localisées se sont produites, que nous connaissons mal, sauf lorsqu'elles touchent des provinces entières. Parmi elles, il faut citer : la crise complexe de 1636-1637, qui affecte les provinces de l'Est;

l'épidémie de peste de 1720-1721, limitée à Marseille et à la Basse-Provence, où meurent 120.000 personnes; la surmortalité de 1747, probablement épidémique, qui frappe les provinces méridionales; la dysenterie de 1779, qui entraîne au moins 175.000 morts dans l'Ouest, dont 45.000 dans la seule Bretagne : dans la décennie 1780, le bilan démographique de la Bretagne est d'ailleurs presque constamment déficitaire, alors que la population française augmente nettement.

C'est que des causes locales ou régionales jouent souvent un rôle primordial dans le déclenchement des crises. Certaines zones sont protégées des mauvaises récoltes, ou les compensent aisément par des achats faciles à acheminer; c'est le cas surtout de la France atlantique, où les crises alimentaires n'apparaissent que sous des formes secondaires, alors que les épidémies, souvent amenées par les marins dans les ports, la touchent. La Basse Bretagne côtière se trouve ainsi favorisée par rapport au « pays gallo » : comme l'écrit A. Croix, « la terre arrête, largement, l'épidémie » quand elle sévit à l'intérieur de la province, alors que « la mer amène, facilement, les subsistances parfois nécessaires ».

Aux événements d'ampleur nationale ou régionale s'ajoutent de nombreuses crises étroitement localisées, qui frappent seulement une paroisse ou un groupe de paroisses; en 1788-1792, la petite ville périgourdine d'Uzeste connaît une crise démographique de type « goubertien », donc tout à fait anachronique. La plupart de ces événements locaux nous resteront à jamais inconnus. Même si nous ne pouvons pas mesurer leur poids exact dans l'évolution démographique du royaume, il est certain qu'ils ont dû jouer, au niveau local, un rôle fondamental.

La lutte contre la mortalité

Comment expliquer l'atténuation de l'ampleur des crises démographiques au cours du XVIIIᵉ siècle ? Les médecins jouent dans cette évolution positive le rôle le moins important.

Une médecine impuissante ?

Devant tous les maux qui les touchent, nos ancêtres sont pratiquement désarmés au point de vue médical. En 1786, le nombre des médecins est à peu près de 2.500 dans le royaume, celui des chirurgiens s'établit autour de 25.000; la moitié des médecins et chirurgiens soigne les 20 % de citadins, l'autre moitié s'occupe des 80 % de ruraux.

Les médecins sont formés sans aucune expérimentation sur le terrain; pratiquant le diagnostic sans auscultation du malade, souvent à partir de l'examen des urines, limitant leur thérapeutique à la saignée et à la purge, ils jouent plutôt un rôle néfaste : les contemporains les accusent souvent d'achever les patients et d'affaiblir les bien-portants.

Les chirurgiens, bien que moins considérés, sont peut-être plus efficaces que les médecins, malgré une formation des plus sommaires. Ils n'hésitent pas à trépaner, à tailler, c'est-à-dire à extraire les calculs, à amputer, à redresser les membres. On reste confondu devant le courage des malades qui subissaient de telles tortures sans anesthésie. Mais, en l'absence de toute asepsie, qui peut être sûr du résultat ? Les infections sont fréquentes et souvent fatales. Il n'empêche que ces thérapeutiques radicales sont, dans leur ensemble, moins inefficaces que celles des médecins.

Devant les épidémies et les maladies, les défenses médicales sont inégales. La plupart des maladies sont mal distinguées par les médecins, qui confondent par exemple varicelle et variole. Ils ne peuvent rien contre la rage, ni contre le cancer, sauf l'ablation du sein. La syphilis est traitée au mercure, ce qui est très désagréable et peu efficace. Pour la peste, si le corps médical sait la reconnaître et s'empresse alors d'avertir les autorités, il est totalement impuissant à la guérir; conscient cependant de sa contagiosité, il préconise des mesures dont certaines sont efficaces, comme l'isolement total des malades et la mise en quarantaine de leur entourage.

En ce qui concerne le traitement des autres épidémies, certains progrès médicaux se produisent au XVIIIᵉ siècle. Contre la dysenterie, aucun remède avant 1700; ensuite, les Français disposent de l'ipécacuana, plante sud-américaine efficace quand elle est bien dosée, ce que les médecins savent rarement faire. Contre le paludisme, on connaît depuis le milieu du XVIIᵉ siècle le quinquina, mais il reste peu utilisé, et son efficacité est bien moins grande que celle de la quinine, qui ne sera mise au point qu'au XIXᵉ siècle. Pour le traitement de la variole, l'inoculation arrive d'Angleterre au XVIIIᵉ siècle, mais elle n'est pas sans risques et reste insuffisamment pratiquée, au grand dam des esprits éclairés comme Voltaire; il faudra attendre la vaccination mise au point par Jenner en 1796 pour vaincre le fléau, qui paraît d'ailleurs avoir été déjà en voie d'extinction naturelle avant même cette grande découverte. Au total, la médecine est donc un peu moins mal armée au XVIIIᵉ siècle que pendant les périodes précédentes, mais son action reste surtout limitée aux villes, et dans celles-ci à une minorité éclairée. Quant à l'obstétrique, on n'y reviendra pas ici, le problème ayant déjà été abordé au chapitre précédent.

Etant donné la quasi-impuissance de la médecine, beaucoup préfèrent, à la ville comme à la campagne, utiliser pour se soigner de vieilles recettes, fondées sur l'utilisation des « simples », et transmises de généra-

---

Document : LES REMEDES POPULAIRES : recettes ancestrales et superstitions

A : Recettes ancestrales

Marcel-Robillard, *Souvenirs d'un maître serrurier (1760-1807)*, Paris, 1968

« Pour guèrire le malle des yeux : il faut prendre le blanc d'un eufe frais, le mettre dans une assiette, le brassé avec une pierre d'alun, et le mettre entre deux linge ; le pozé sur les yeux en se couchant.

Pour guérir la brulure : vous prendré de la gresse d'un porc maslle, vous la feré rouire avec du blanc de poireau, vous le passé dans un linge, vous la metté sur du papier buvard, et le pozé sur la brulure.

Pour guérire les fièvre : vous prendré du pain chaut, trempé la mis dans du vin blanc, et vous la purserré le plus que vous pouré ; pour un homme, une chaupinne, et pour un enfant, moitié ; et mettre le pain au feu, c'es à dire le chauffer à point ; prendre le vin au moment que la fièvre vous prendra. »

B : Superstitions

Thiers (J.-B.), *Traité des superstitions*, 1679

« Se rouler sur la rosée d'avoine le jour de saint Jean avant le soleil levé pour guérir des fièvres.

Donner des clous et des petits morceaux de lard à saint Clou afin de guérir de la galle.

Prendre les ourlets des linceuls dans lesquels on a enseveli un mort, et les porter au cou ou au bras pour guérir des fièvres.

Attacher un clou d'un crucifix au bras d'un épileptique pour le guérir. »

---

tion en génération. Les malades de tous les milieux font appel, lorsque le médecin a échoué, aux empiriques et aux guérisseurs. En désespoir de cause, ils partent en pélerinage pour implorer les saints guérisseurs, nombreux et spécialisés, ou vont voir les sorciers : après tout, la maladie n'est-elle pas un châtiment envoyé par Dieu pour la punition des péchés ? La croyance dans l'efficacité des remèdes humains, qu'ils soient prescrits par les médecins ou par les guérisseurs, est très modérée.

Le rôle positif, mais limité, des Hôtels-Dieu

A la veille de la Révolution, Necker évalue le nombre des Hôtels-Dieu dans le royaume à sept cents. Voués au service des pauvres malades, qui y sont reçus à condition d'être curables, et qui sont congédiés après leur guérison, ils reçoivent donc une clientèle aux caractères bien précis. A Lyon, les entrants appartiennent à la domesticité, à la Fabrique, ou aux petits métiers sans spécialisation. A Blois, les entrants de sexe masculin se répartissent en trois catégories principales : deux cinquièmes d'artisans, un tiers de ruraux, et un cinquième de soldats ; les femmes proviennent surtout de la campagne, de la domesticité et des petits métiers.

L'essentiel des soins, prescrits par des médecins et assurés par des religieuses, consiste classiquement dans la purge et dans la saignée. Mais le remède le plus efficace, de très loin, est la nourriture abondante, la morbidité populaire étant fille de la misère et ayant pour principale responsable les carences alimentaires. A Montbéliard, la ration journalière est de cinq cents grammes de pain, ce qui constitue pour beaucoup de pauvres hères un régime de cocagne, compte tenu de tous les à-côtés en légumes, en viande et en poisson. A Chartres, le règlement prévoit « la nourriture des jours maigres... poisson beurres et autres choses necessaire... » A Angers, le personnel cultive des légumes autour de l'Hôtel-Dieu. De plus, des festins sont prévus pour les jours de fête à Pâques, à Noël, ou encore le jour de la fête patronale de l'Hôtel-Dieu.

Cette thérapeutique est efficace. A Chartres, 6.746 individus sont morts à l'Hôtel-Dieu entre 1700 et 1790, soit à peine plus du dixième des clients. A Rouen, le taux de décès est de 15 % en 1680-1698, de 13 % en 1741-1742, de 9 % à la veille de la Révolution. A Saumur, il monte à 15 % en 1706. A Blois, de 1720 à 1737, sur 3.863 entrants, 490 décèdent, soit moins de 13 %. Les Hôtels-Dieu jouent donc un rôle positif dans l'état sanitaire du peuple. Mais ce rôle reste limité aux classes populaires urbaines, donc à la minorité de la population.

Des progrès agricoles ?

Au XVIIIᵉ siècle, le climat s'améliore légèrement, avec la fin du « petit âge glaciaire », et les « étés pourris » deviennent moins fréquents qu'au siècle précédent, avec tout bénéfice pour les récoltes.

En même temps, des cultures nouvelles, plus productives que les céréales traditionnelles, comme la pomme de terre un peu partout dans le royaume, ou le maïs dans le Sud-Ouest, se développent à la fin du XVIIIᵉ siècle. Les améliorations de la meunerie, qui réussit à produire un peu plus de farine avec la même quantité de céréales, sont nettes également. Les habitants disposent donc, dans certaines régions, de davantage de nourriture qu'un siècle auparavant ; mais il s'agit seulement de progrès ponctuels, localisés, et pas du tout d'une révolution agricole qui ne se produira qu'au siècle suivant.

L'action des pouvoirs publics

C'est l'action des pouvoirs publics qui a joué le rôle le plus important dans l'atténuation et la quasi-disparition des grandes crises démographiques pendant les décennies qui précèdent la Révolution.

C'est d'abord le cas pour la peste : si elle a disparu du royaume de France à la fin du XVIIᵉ siècle, vers 1670, l'épisode provençal de 1720 ne constituant qu'un accident isolé et unique, l'action de l'administration y est pour beaucoup. Certes, d'autres causes ont contribué à cette disparition, comme la meilleure résistance des organismes, conséquence d'une éventuelle immunisation toute relative, ou encore l'affaiblissement possible de la virulence du bacille de Yersin*, ou le rôle des bactériophages. Mais il est certain que, à partir du règne personnel de Louis XIV, des dispositions préventives très rigoureuses sont prises, sous la responsabilité de Colbert, quand il y a risque d'épidémie : contrôle strict des voyageurs, interdictions de circulation à partir des régions touchées par le fléau, mises en quarantaine des individus suspects d'être contaminés. La capitale et la plus grande partie du royaume échappent ainsi à l'épidémie qui ravage le Nord en 1667 et 1668. L'efficacité croissante des mesures prises pour lutter contre le fléau a certainement joué un rôle déterminant dans sa disparition ; d'ailleurs, si la peste réapparaît d'une façon éphémère à Marseille en 1720, c'est précisément à cause de négligences locales dans les mesures de protection.

Pour les autres épidémies, leur gravité vient surtout des mauvaises conditions de vie et d'hygiène, dues à la misère et à la malnutrition.

Depuis les années 1660, les pouvoirs publics ont pris de plus en plus conscience de leurs responsabilités dans ce domaine. Ainsi, à partir de la décennie 1710, les intendants reçoivent du pouvoir central des boîtes qui contiennent un échantillonnage des 350 « prises », drogues et médicaments, susceptibles de lutter contre les diverses maladies, avec mode d'emploi joint ; les remèdes « ad hoc » sont ensuite transmis dans les paroisses, au fur et à mesure des besoins. Mais il va de soi que l'efficacité de ces interventions trouve vite ses limites dans l'inefficacité d'une bonne partie des thérapeutiques qui sont ainsi utilisées.

Beaucoup plus importante est l'amélioration, impulsée et dirigée par les pouvoirs publics, des conditions de stockage des céréales dans les grandes régions productrices, et surtout des transports : l'élargissement des anciennes routes et la création de nouvelles permettent une bien meilleure organisation des secours en cas de disette. Lorsqu'une famine risque d'éclater quelque part, les autorités font aussitôt venir du blé d'autres régions du royaume, voire de l'étranger, jusqu'en Amérique ; les municipalités taxent le prix du pain pour éviter qu'il ne monte trop haut, et en font distribuer gratuitement au peuple en cas de besoin. C'est par ces moyens que sont atténuées fortement, par exemple, les conséquences prévisibles du « grand hiver » de 1709.

Comme l'écrit F. Lebrun, il « s'instaure, dès le règne personnel de Louis XIV et surtout au cours du XVIIIe siècle, une volonté de politique globale face aux grands fléaux mortifères et plus généralement aux maladies qui affectent les populations ». Son efficacité s'est manifestée surtout dans la disparition de la peste, et dans l'atténuation des crises de subsistances, donc de leurs conséquences épidémiques.

Facteurs sociaux ou naturels ?

Reste à poser une question essentielle : quelles sont les parts respectives des facteurs sociaux, dont l'action des pouvoirs publics, et des facteurs naturels, comme les modifications climatiques, dans la baisse de la mortalité ? Et peut-on les mesurer ?

Le recul de la mort a surtout profité aux enfants, et peu aux adultes, avant 1800 ; la mortalité des enfants d'un à dix ans a baissé d'un tiers entre 1760 et 1790, et c'est essentiellement ce phénomène qui est à l'origine de l'accroissement moyen de l'espérance de vie. S'appuyant sur ce fait, et constatant qu'il n'est pas limité à la France, mais qu'il se produit simultanément dans plusieurs régions d'Europe où les conditions de vie étaient très différentes, A. Perrenoud déduit qu'il faut rejeter « toute explication fondée sur les facteurs sociaux » pour expliquer le recul de la mort. Considérant que « les périodes de refroidissement... sont très mal supportées par les germes infectieux » et que, « dans l'ensemble, le XVIIIᵉ siècle est plutôt frais », il conclut que l'atténuation des crises démographiques dépend seulement du climat, devenu à partir des années 1750 plus défavorable qu'au XVIIᵉ siècle à la prolifération des bacilles et des virus. En somme, tout viendrait du soleil, rien de l'action des hommes.

La thèse d'A. Perrenoud peut sembler excessive dans ses conclusions, d'autant plus qu'elle ne prend pas en compte la disparition des grandes endémies au XIXᵉ siècle, et surtout le fait qu'elles ne sont pas réapparues ultérieurement, malgré les modifications du niveau du rayonnement solaire. Et comment comprendre que toute la planète ne soit pas concernée en même temps par ces évolutions ? Cette théorie a cependant le mérite de faire réfléchir sur le rôle des facteurs naturels dans le recul de la mortalité à la fin du XVIIIᵉ siècle : on aurait tort de le surestimer, mais aussi de le nier. Il est certain que toute une série de causes, les unes sociales, les autres naturelles, intervient, dont nous parvenons mal, pour l'instant, à mesurer l'importance respective.

En tout cas, quelle que soit l'explication qu'on lui donne, l'atténuation du nombre et de la force des grandes crises démographiques en France au XVIIIᵉ siècle, même si elle est inégale selon les régions, est à l'origine de l'accélération de la croissance de la population.

La mort vécue

La mort vécue, c'est à la fois la mort des autres et sa propre mort. L'une et l'autre évoluent au cours de l'Ancien Régime.

La mort des autres

La mort est une compagne familière, surtout dans les villes, où il est bien rare qu'une journée s'écoule sans que les habitants entendent sonner le glas des morts au clocher d'une église. Les exécutions capitales sont fréquentes et publiques. Il n'est donc pas étonnant que les mentalités soient souvent quelque peu endurcies devant les situations macabres.

Les réactions devant la mort des jeunes enfants en sont la meilleure illustration. Leur décès ne paraît pas beaucoup chagriner leurs proches. La remarque de Montaigne, ne sachant plus très bien combien d'enfants il avait perdus en bas âge, est trop connue pour qu'on la cite. Cette attitude peut s'expliquer : la mort des très jeunes enfants est tellement fréquente que leurs parents ne prennent pas le risque de souffrir en s'attachant à eux. Elle est accueillie comme l'une des fatalités qui pèsent sur l'existence.

Il n'en va pas de même pour la mort de l'épouse. Comme l'écrit M. Vovelle, elle « reste le déchirement majeur, et souvent prématuré, pour les hommes de l'âge classique qui se sont confiés à leurs Mémoires ».

La « bonne mort »

Conformément aux enseignements de l'Eglise, la mort se prépare pendant toute la vie. Tous redoutent la mort brutale, accidentelle. La « belle mort » doit être lente et consciente : elle est le couronnement de l'existence du chrétien, le moment décisif dont dépend une éternité heureuse ou malheureuse.

La mort des puissants

Voici venue l'heure de la mort. Elle donne lieu chez les grands, qui meurent publiquement, à tout un cérémonial : Mazarin décéde avec coquetterie, paré et habillé comme pour aller au bal ; Louis XIII s'en va au son d'un orchestre. L'agonie elle-même est publique.

C'est que le moribond doit servir d'exemple à ses contemporains et gagner son paradis par une « belle mort », où il confesse ses péchés et entre dans l'éternité dignement et en paix. Ce n'est pas si facile : le diable guette jusqu'au dernier soupir. Une vie exemplaire peut donc être gâchée, aux yeux de Dieu, par ses derniers instants. Le chrétien se prépare pendant toute son existence à ce moment décisif, avec l'aide de son confesseur, en lisant quelques-uns des innombrables ouvrages qui traitent du sujet, les « Ars moriandi », ou « Arts de mourir ». Même le condamné à mort, s'il est bien né, se fait un devoir de mourir dignement, tel le duc de Montmorency qui, une fois monté sur l'échafaud, « salua la compagnie (et) dit avec un profond sentiment d'humilité qu'un grand pécheur comme lui ne pouvait mourir avec assez d'infamie ».

Après la mort, le spectacle continue. Toute la maison du défunt, domesticité comprise, prend le deuil et drape. Le corps est exhibé pendant un ou deux jours. L'inhumation suppose d'abord un convoi funèbre, avec un catafalque, des cierges, des torches, des armoiries, et des accompagnateurs, membres de confréries ou encore, par signe d'humilité, pauvres ou orphelins; le cortège fait son « tour de ville ». Ensuite une messe solennelle est célébrée, et le défunt est enterré, si possible à l'intérieur même de l'église, le plus près possible de l'autel. Les plus glorieux font inscrire sur leurs tombes une épitaphe. Tous ont prévu dans leurs testaments la célébration de messes nombreuses et perpétuelles, qui doivent assurer le salut de leurs âmes. Telle est la mort baroque, qui triomphe au XVIIᵉ siècle. Elle ne touche pas, cependant, les milieux

---

Document : LES POMPES FUNEBRES : l'enterrement du dauphin et de la dauphine (1712)

Saint-Simon, *Mémoires*

« Le vendredi matin 19 (février 1712), le corps de Monseigneur le Dauphin fut ouvert, un peu plus de vingt-quatre heures après sa mort, en présence de toute la Faculté... Son cœur fut porté tout de suite à Versailles, auprès de celui de Madame la Dauphine. Ce même jour, entre cinq et six, les deux cœurs furent portés au Val-de-Grâce à Paris... Le corps de Monseigneur le Dauphin, porté de Marly sans cérémonie, fut placé à droite de celui de Madame la Dauphine, sur la même estrade qui fut élargie...

Le mardi 23 février, les deux corps furent portés de Versailles à Saint-Denis sur un même chariot. Le Roi nomma M. le duc d'Orléans pour accompagner le corps de Monsieur le Dauphin, et quatre princesses pour celui de Madame la Dauphine... A la descente des corps, le duc d'Aumont, comme premier gentilhomme de la chambre, portait la couronne de Monseigneur le Dauphin; Dangeau, chevalier d'honneur, celle de Madame la Dauphine... Dans la marche, qui commença sur les six heures du soir, des aumôniers en rochet et à cheval soutenaient les coins des poêles, deux du Roi, deux de Madame la Dauphine; de son côté étaient à cheval le chevalier d'honneur et le Premier écuyer. Trois carrosses précédaient... Trois carrosses derrière... Le convoi commença à entrer à Paris par la porte Saint-Honoré à deux heures après minuit, sortit de la porte Saint-Denis à quatre heures du matin, et arriva entre sept et huit heures du matin à Saint-Denis. »

protestants : chez eux, le décès et l'enterrement ne donnent pas lieu à une cérémonie religieuse, les funérailles étant faites dans la discrétion dès le lendemain de la mort.

Au siècle suivant, les habitudes évoluent. La mort en recul commence à se cacher. Elle est moins obsédante dans la vie quotidienne, donc dans les esprits. La « belle mort » publique est progressivement remplacée par la mort à l'intérieur de la famille, le confesseur cédant la place au médecin. Les pompes des inhumations de l'époque précédente s'atténuent au fil des décennies. La déchristianisation s'accompagne d'un effondrement de la fréquence et du nombre des demandes de célébration de messes pour le salut de l'âme ; ce changement d'attitude est beaucoup plus sensible dans les testaments des hommes que dans ceux des femmes. La mort se laïcise quelque peu ; n'exagérons quand même pas trop cette évolution : le rôle de l'Eglise reste primordial pour la plupart des Français, même s'il se fait plus discret.

La mort des humbles

Nous connaissons beaucoup moins bien la mort des humbles. Malgré l'enseignement de l'Eglise, elle est entourée d'innombrables superstitions. Le curé J.-B. Thiers en a rapporté quelques-unes. Ainsi, pour savoir si un malade va mourir, il faut « mettre du sel dans la main : si le sel fond, c'est la marque qu'il en mourra ». Pour que l'agonie soit courte, il faut que « les soliveaux du plancher de la chambre ne soient pas de travers mais en long » par rapport au lit

Il n'est guère de pompes funèbres pour le peuple. Ici, le mort n'a droit le plus souvent qu'à un suaire, dans lequel est cousu son corps nu. Il n'est pas enterré dans l'église, mais dans le cimetière de la paroisse, qui reste situé, jusqu'à l'édit de 1776, qui ordonne le transfert des cimetières hors des agglomérations, et parfois même au-delà, autour de l'église. Ensuite, pour des raisons d'hygiène, le champ des morts quitte l'intérieur des villes, pour s'installer dans les banlieues. La préoccupation de la mort sort de la vie quotidienne.

Au XVIIIᵉ siècle, la mort recule. Certes, elle atteint encore des taux qui nous paraîtraient aujourd'hui insupportables. Mais, c'est indéniable, ils sont en diminution. Les enfants sont les principaux bénéficiaires de ces changements.

La progression d'ensemble ne doit cependant pas être exagérée. Au tout début du XIXᵉ siècle, quand apparaissent les premiers chiffres vraiment fiables, l'espérance de vie moyenne des Français est de 36,4 ans, donc plus de deux fois inférieure aux niveaux actuels. Les disparités régionales sont importantes : 24,7 ans dans le département du Loiret, 47,7 ans dans celui du Calvados, les chiffres les plus bas correspondant surtout aux régions de monoculture céréalière ou à prédominance blé-vin, les plus élevés aux départements normands et aux zones de montagne, qui pratiquent la polyculture et l'élevage : ces concordances entre espérance de vie et types de productions agricoles ne sont certainement pas des coïncidences.

Document : LES TESTAMENTS : un modèle en Provence au début du XVIIIe siècle

Vovelle (M.), *Mourir autrefois*, Paris, 1974

« Je veux qu'incontinent, après mon décès, on fasse dire N... messes pour le repos de mon âme en l'église de N... Et que le lendemain de mon enterrement, on chante une messe des défunts en l'église des Cordeliers de cette ville, où les sœurs du Tiers-Ordre de nostre Congrégation seront priez d'assister, et pour ce sujet je lègue la somme de N... entre le luminaire qui sera fourny par mes héritiers sur mon bien.

Item, j'ordonne qu'il sera dit un annuel en ma paroisse, ou en l'église de N..., pour le repos de mon âme, à commencer du jour mesme, ou le lendemain de mon décès, et pour ledit annuel je lègue la somme de N...

Item, pour reconnoistre la faveur qu'on m'a fait de me recevoir, quoy qu'indigne, en la Congrégation du Tiers-Ordre de la Pénitence, et pour exciter mes sœurs à prier Dieu pour moy, je lègue à la Chapelle de ladite Congrégation la somme de N... pour estre employée au soulagement des Frères et des Sœurs qui sont pauvres, et selon ce qui est porté à nostre Sainte Règle.

Item, je lègue à l'Eglise de ma paroisse la somme de N..., pour avoir part aux prières et divins sacrifices qui s'y font.

Item, je donne et lègue aux pauvres de ma paroisse la somme de N... »

CONCLUSION

On conclura cette étude de la population française pendant l'Ancien Régime sur deux constatations, toujours présentes au fil des pages : les comportements démographiques varient selon les régions; mais ces nuances régionales n'empêchent pas l'existence de caractères généraux dans tout le royaume.

Le cadre provincial est probablement trop vaste pour apprécier les nuances dans les habitudes démographiques; pour P. Chaunu, « la France est constituée par quelque 2.000 molécules de comportement démographique de base ». D'où des différences notables à l'intérieur même d'une province; en Normandie par exemple, les comportements démographiques ne paraissent homogènes qu'à l'intérieur de groupes de dix ou quinze paroisses; en Ile-de-France, les taux de fécondité de Meulan tranchent sur ceux, plus mesurés, des autres localités de la région parisienne. Les exemples de ce type pourraient être multipliés.

D'une région à l'autre, deux grands modèles de comportement démographique coexistent ou se succèdent : un modèle « traditionnel », majoritaire, avec quatre à six enfants par couple et une espérance de vie inférieure à 30 ans; et un modèle « moderne », minoritaire et plutôt tardif, avec trois ou quatre enfants, voire deux, et une espérance de vie supérieure à 30 ans; entre ces deux modèles, toutes les nuances sont possibles. Le passage de l'un à l'autre se fait à des époques différentes selon les régions et selon les milieux, généralement à la fin du XVIIIᵉ siècle ou au début du XIXᵉ siècle, mais parfois bien plus précocement, comme dans les élites urbaines. L'évolution n'est pas toujours linéaire du premier modèle au second; la Basse Normandie en est un bon exemple, où la limitation des naissances, diffuse au XVIIᵉ siècle, disparaît au début du XVIIIᵉ siècle, pour revenir ensuite.

Pourtant, on aurait grand tort de trop exagérer les nuances et les différences; elles risqueraient de nous faire tomber dans une vision atomiste ou moléculaire, qui gommerait les constances. Or, celles-ci sont indéniables, et doivent être soulignées vigoureusement. Trois traits majeurs, valables pour le royaume tout entier, caractérisent la démographie ancienne : l'âge tardif au mariage, qui est imposé par les structures économiques, avec ses conséquences sur la fécondité; la très forte mortalité, notamment des enfants; et l'existence de crises démographiques cycliques. Ces trois caractères de base évoluent au fil des trois siècles de l'Ancien Régime, surtout pendant le dernier : l'âge au mariage augmente, ce qui diminue, par voie de conséquence, l'importance des descendances; la mortalité des enfants est en baisse; et surtout, les crises démographiques deviennent moins graves et moins fréquentes.

Les changements du XVIIIe siècle, s'ils sont importants, ne bouleversent pas le régime démographique dominant. Des tendances nouvelles, comme une limitation des naissances vigoureuse et durable, ou encore une crise des valeurs familiales traditionnelles dans certains milieux, surtout urbains, se dessinent. Elles annoncent le tournant démographique profond, qui ne se produit que pendant la Révolution et au début du XIXe siècle.

Tout change, en profondeur, à partir des années 1790. La fréquence des naissances illégitimes double en vingt ans. Et surtout, la fécondité légitime se réduit d'une façon considérable; le taux de natalité passe de 38,8 ‰ pendant les années qui précèdent la Révolution, à 32,9 ‰ vers 1800; le nombre de naissances rapporté, avec un décalage de six ans, à celui des mariages, qui est de 4,55 pour les unions de 1773-1789, baisse à 3,81 pour celles de 1790-1797. Un nouveau régime démographique est en train de naître; il était déjà en germe dans les années 1770-1790, mais seulement en germe.

Deuxième partie :

Initiation à la recherche

Le but de ce livre n'est pas seulement d'exposer les résultats obtenus par les chercheurs en démographie historique. Il a aussi pour ambition de servir de guide pour la recherche. La présentation des documents, les « sources », et des méthodes utilisées par les chercheurs, qui est le sujet de cette seconde partie, le permettra; elle servira aussi à mesurer concrètement les difficultés qui se présentent aux historiens actuels et futurs, et les moyens qui permettent de les surmonter.

Cette initiation peut être lue à plusieurs niveaux, selon les besoins du lecteur, qu'il s'agisse du professeur de l'enseignement secondaire qui veut emmener ses élèves dans un dépôt d'archives et les initier à la pratique des documents, ou de l'étudiant qui prépare un mémoire pour lequel il a besoin de connaître les méthodes de la démographie historique. Le premier s'intéressera aux techniques de comptage, qui permettent d'obtenir rapidement des résultats concrets; le second étudiera surtout la reconstitution des familles.

Les historiens démographes cherchent d'abord à compter le nombre des habitants et son évolution, ensuite à connaître leurs comportements démographiques. Dans l'étude de la France des XVIᵉ, XVIIᵉ et XVIIIᵉ siècles, le premier objectif est plus difficile à atteindre que le second. En effet, on ne dispose pas de recensements sûrs, alors que les registres paroissiaux*, qui se généralisent peu à peu, permettent d'analyser les comportements démographiques.

Les sources

Nous présentons ici les différents types de documents existants et les utilisations que les chercheurs peuvent en faire.

L'absence de recensements sûrs

Si l'on définit le recensement comme « une opération destinée à recueillir un ensemble de données sur la population à un moment précis, par des enquêtes de caractère général et simultané », il n'existe aucun recensement pour la totalité du royaume de France sous l'Ancien Régime, malgré certains efforts éphémères. Ainsi, pour ne citer que quelques exemples, il semble qu'un dénombrement* des habitants ait été fait en 1636, mais on n'en a conservé que quelques traces dans certaines élections*, surtout situées en Normandie. Quant au dénombrement organisé en 1694 par Vauban, en préalable à l'établissement de la capitation*, il a été perdu. En 1697, le duc de Beauvillier demande une enquête aux intendants*, pour l'instruction du duc de Bourgogne, mais les données en sont incomplètes et douteuses. D'autres dénombrements sont entrepris à la fin du XVIIIe siècle, mais aucun n'aboutit à des résultats sûrs et complets, utilisables à l'échelle du royaume tout entier.

Les historiens en sont donc réduits à utiliser surtout des sources fiscales, auxquelles s'ajoutent quelques dénombrements par têtes localisés, et des documents divers.

Les sources fiscales

Les documents fiscaux, essentiellement rôles* de la taille*, de la gabelle*, ou des aides*, qui répertorient soigneusement les contribuables, ainsi que les compois* du Midi, qui donnent la liste des propriétaires fonciers, étaient mis à jour chaque année ; mais leur conservation est très inégale selon les régions et les époques. Ces rôles ne fournissent pas des listes d'habitants, mais seulement des listes de feux* ; le problème essentiel consiste à savoir combien chaque feu comprend d'individus, question en réalité insoluble, puisque les chiffres réels sont très variables selon qu'on se trouve en milieu urbain ou rural, ainsi qu'en fonction des régions et des époques ; il est donc impossible de parvenir à des résultats sûrs. De plus, les registres fiscaux sont incomplets : si les nobles, exemptés de taille, sont quand même inscrits souvent en fin de listes, les pauvres sont fréquemment oubliés ; quant aux villes, dont la plupart sont exemptées de taille, leurs populations sont donc rarement répertoriées.

Jusqu'au début du XVIIIe siècle, il n'existe que des séries fiscales localisées. Les premières données concernant la quasi-totalité du pays, à l'exception des provinces récemment acquises par le roi, sont fournies par Saügrain dans son *Dénombrement du royaume*, publié en 1709. Mais Saugrain a retenu des chiffres pris sur des rôles de taille d'époques différentes selon les régions, par exemple datés probablement des années 1680 et 1690 en Anjou, mais beaucoup plus récents en Beauce. Le *Nouveau dénombrement du royaume*, publié en 1720, ne fait que reprendre une partie des chiffres du livre de 1709, n'actualisant les données que dans certaines régions.

L'*Etat des feux de paroisses par généralités*, daté de 1713, et conservé à la Bibliothèque nationale, comprend des chiffres tirés des rôles des tailles, qui ont été établis à partir des relevés du Contrôleur général* Desmarets, et concerne une grande partie du royaume, à l'exception des pays d'Etats* et de quelques provinces périphériques. Leur fiabilité est très variable selon les régions. En outre, les chiffres de population urbaine sont douteux, car les mendiants, les errants et les infirmes ne sont pas toujours comptabilisés.

Les *Etats de dénombrement du ressort des gabelles de 1725 et 1726*, conservés à la Bibliothèque nationale, ont été établis d'après les rôles de la gabelle, suite à la demande faite par le Contrôleur général Dodun. Il s'agit de dénombrements très complets, particulièrement en 1726, puisque nobles et ecclésiastiques y sont comptabilisés. Ils fournissent non seulement le nombre des feux, mais aussi celui des « gabellants », c'est-à-dire de la population âgée de plus de huit ans. Mais ils souffrent d'un grave défaut : ils ne comptabilisent que les provinces de grande gabelle.

Enfin, le *Dictionnaire géographique, historique et politique des Gaules et de la France*, publié entre 1762 et 1770 par l'abbé d'Expilly, fournit des chiffres d'origines très diverses, mais qui ne sont souvent que des reprises de ceux de Saugrain. De plus, le dictionnaire est incomplet. Il ne présente guère de fiabilité.

Les dénombrements par têtes

Les dénombrements par têtes sont pour l'essentiel des dénombrements urbains. Mais ils sont très inégaux selon les villes, tant dans leur forme que dans leur fréquence. De plus, ils sont presque exclusivement limités au XVIII° siècle.

Ces dénombrements se présentent, dans la majorité des cas, sous la forme de chiffres de population globale, sans autre précision, dont la fiabilité ne peut pas être vérifiée. Ainsi, à Chartres, on rencontre trois dénombrements seulement au cours du XVIII° siècle, au détour des registres de délibérations municipales. Dans la majorité des villes, les chercheurs ne sont pas mieux lotis.

Certaines cités bénéficient cependant de documents plus précis, qui ressemblent quelque peu aux recensements que nous connaissons aujourd'hui, puisqu'ils détaillent rue par rue, maison par maison, les habitants, avec leurs sexes, âges et professions. Encore ces renseignements sont-ils souvent incomplets, et ne datent-ils que des années qui précèdent la Révolution, voire du début de celle-ci, comme à Poitiers en 1790.

Les dénombrements sont donc inutilisables à l'échelle du royaume, non seulement à cause de leurs propres faiblesses, mais encore parce que la population urbaine ne constitue pas plus du cinquième de la population totale. Par contre, au niveau local, ils présentent un intérêt primordial, à condition d'être utilisés avec précaution.

Les autres documents

Certains documents, qui ne sont ni des rôles fiscaux, ni des dénombrements par têtes, peuvent fournir des renseignements intéressants sur le nombre des habitants.

Il s'agit d'abord des documents religieux. Parmi eux, les pouillés* donnent parfois des chiffres de communiants, ce qui exclut les jeunes enfants ; ces chiffres sont souvent arrondis à la dizaine ou à la centaine, donc peu fiables. Il existe aussi dans certains diocèses des comptes-rendus de visites paroissiales faites par les évêques ou par leurs archidiacres*, qui fournissent aussi des chiffres de communiants.

D'autres documents sont parfois utilisables. Certaines cartes donnent des chiffres de population ou de feux à côté des noms de paroisses. Les cahiers de doléances* sont assez fréquemment accompagnés d'estimations du nombre des habitants du lieu. Des enquêtes, rédigées à la demande des intendants ou de leurs subdélégués*, fournissent souvent des renseignements démographiques ; parmi elles, il faut signaler les relevés annuels des baptêmes, des mariages et des sépultures, prescrits aux intendants par l'abbé Terray, Contrôleur général des finances, à partir de 1772 ; mais on est déjà, ici, dans l'état civil.

Les ouvrages, réalisés dans le cadre géographique du département actuel, de la collection *Paroisses et communes de France. Dictionnaire d'histoire administrative et démographique*, fournissent pour chaque paroisse les chiffres de tous les dénombrements existants, quelles que soient leurs origines. Elle permet aux chercheurs, dans les départements dont le volume est paru, soit une vingtaine pour l'instant, un gain de temps considérable.

Les registres d'état civil

L'état civil n'existe que rarement au début de notre période.

Une création difficile

L'état civil ancien s'est constitué progressivement, d'abord dans quelques régions sous l'impulsion des évêques, ensuite dans l'ensemble du royaume, grâce à des décisions royales, en quatre étapes principales :
- en 1539, l'ordonnance de Villers-Cotterêts oblige les curés à tenir, en langue française, des registres des baptêmes des nouveaux-nés, ainsi que des registres de sépultures des seules « personnes tenant bénéfices* », c'est-à-dire surtout les membres du clergé ; en fait, cette pratique existait déjà auparavant, surtout dans l'Ouest, et l'ordonnance ne fait qu'essayer de la généraliser au royaume tout entier ;
- en 1579, l'ordonnance de Blois rend obligatoires l'enregistrement des mariages par les curés, et le dépôt annuel du registre des baptêmes, mariages et sépultures au greffe du tribunal royal le plus proche ;
- en 1667, l'ordonnance de Saint-Germain-en-Laye (le « Code Louis ») décide la tenue des registres en deux exemplaires ; l'un d'entre eux, la minute, doit rester au curé, alors que l'autre, la grosse, doit être déposée au greffe ; l'ordonnance indique aussi les différents renseignements que chaque acte doit comporter ;
- en 1736, une déclaration royale, entièrement consacrée, pour la première fois, à la tenue des registres paroissiaux, rappelle et précise les dispositions de 1667, et ajoute que les deux registres doivent être remplis en même temps, afin d'éviter que le second ne soit qu'une copie plus ou moins approximative du premier.

L'application des décisions royales a été lente et difficile. L'ordonnance de Villers-Cotterêts est restée pratiquement lettre morte, sauf dans l'ouest de la France. L'ordonnance de Blois a été suivie d'une façon très inégale, très mal dans le sud de la France, beaucoup mieux dans l'Ouest et la région parisienne. Il en va de même pour l'ordonnance de Saint-Germain-en-Laye. En fait, c'est à la suite de la déclaration de 1736 que s'affirme presque partout, malgré quelques exceptions locales surtout situées dans le Midi, la bonne tenue des registres.

Des documents à critiquer

Les historiens disposent donc de sources très inégales selon les lieux et les époques. Ils ne possèdent de séries complètes (à la fois baptêmes, mariages et sépultures) et sûres pratiquement partout qu'à partir de 1736, compte non tenu des documents qui ont disparu pour des raisons diverses, comme à Paris à la suite des incendies de 1871. A l'inverse, il est vain d'espérer trouver des registres utilisables avant 1667, sauf dans l'ouest de la France. Entre ces deux dates, l'existence d'un état civil est fréquente, mais pas générale.

D'autre part, il est nécessaire de procéder à une critique sérieuse des sources avant de les utiliser. Ainsi, il faut s'assurer que les registres fournissent bien tous les décès d'enfants, et surtout ceux des « ondoyés-décédés », c'est-à-dire des enfants morts-nés ou décédés très peu de temps après la naissance, qui sont loin d'être toujours enregistrés par les curés. Il faut aussi avoir mention des âges au mariage et au décès pour pouvoir faire une étude intéressante des comportements démographiques. Il est nécessaire également de choisir des paroisses ni trop petites, pour obtenir des résultats probants, ni trop grandes, car l'ampleur des sources ne permettrait pas de dépouiller tous les documents concernés. Il faut aussi faire attention au soin apporté par le curé à la tenue de ses registres ; un changement de curé peut entraîner une dégradation ou une amélioration.

Reste le problème des protestants. Dans les communautés clandestines du XVIIIe siècle, particulièrement dans les Cévennes, une partie des actes d'état civil reste clandestine, et ne se trouve pas répertoriée dans les registres tenus par les curés. De plus, comme le baptême n'est pas considéré par les réformés comme une nécessité immédiate, l'écart entre naissance et baptême peut être compris entre cinq jours et deux ans. Toute étude démographique en pays protestant se heurte à des obstacles qui paraissent difficiles à surmonter.

Au total, qu'il s'agisse des dénombrements ou de l'état civil, seule la période qui commence vers 1740 peut être connue avec une certaine sûreté pour l'ensemble du royaume, à l'exception des régions protestantes. C'est pourquoi la plupart des études portent sur cette époque, souvent élargie jusqu'en 1700, voire jusqu'en 1670. C'est dire que nos connaissances ne peuvent être qu'imparfaites, particulièrement sur le XVIe siècle.

Pour pallier les lacunes des sources, il est possible, et même souhaitable, de sortir du cadre uniquement quantitatif, et d'utiliser des documents qui, bien que n'étant pas directement de type démographique, au sens strict (mais les précédents le sont-ils tous fondamentalement ?), fournissent des renseignements d'ordre qualitatif : délibérations des administrations municipales, rapports des administrations, mémoires et journaux des contemporains, correspondances, etc. Même quand on dispose de registres paroissiaux complets et, éventuellement, de dénombrements, ces documents annexes permettent de connaître des données supplémentaires, par exemple d'identifier les crises démographiques (famine ou épidémie ?).

Document : LA LEGISLATION DES REGISTRES PAROIS-
SIAUX : l'exemple des baptêmes

A : L'ordonnance de Villers-Cotterêts (1539)

« Article 51 : Aussi sera faict registre, en forme de preuve, des baptêmes, qui contiendront le temps et l'heure de la nativité, et par l'extrait dudit registre, se pourra prouver le temps de majorité ou de minorité et sera pleine foy à cette fin

Article 53 : Et lesquels curés, seront tenus mettre lesdicts registres par chacun an par devant le greffe du prochain siège du bailli ou sénéschal royal, pour y être fidèlement gardés et y avoir recours, quand mestier et besoin sera. »

B : L'ordonnance de Blois (1579)

« Enjoignons à nos greffiers en chef de poursuivre par chacun an tous curez, ou leurs vicaires, du ressort de leurs sièges, d'apporter dedans deux mois, après la fin de chaque année, les registres des baptêmes de leurs paroisses faits en icelle année... Autrement, et à faute de ce faire par lesdits curez ou leurs vicaires, ils seront condamnés ès dépens de la poursuite faite contr'eux, et néanmoins contraints par saisie de leur temporel, d'y satisfaire et obéir. »

C : Le Code Louis (1667)

« Article 9 : Dans l'article des baptêmes, sera fait mention du jour de la naissance, et seront nommés l'enfant, le père et la mère, le parrain et la marraine.

Article 13 : Enjoignons à tous curés ou vicaires de satisfaire à tout ce que dessus, à peine d'y être contraints les ecclésiastiques par saisie de leur temporel. »

Les méthodes

Vu l'état des sources, c'est essentiellement l'état civil qui est utilisé par les chercheurs. Son étude peut être faite à deux niveaux : avec ou sans reconstitution des familles. Les méthodes d'analyse ont été exposées par Louis Henry, dans son livre consacré aux *Techniques d'analyse en démographie historique*. Il est nécessaire de travailler également sur les dénombrements, quand ils existent, malgré leurs imperfections.

L'utilisation des dénombrements

Il est possible de tirer parti des dénombrements d'origine fiscale, à condition de s'entourer de précautions. La méthode consiste à utiliser les séries statistiques de dénombrements que l'on possède, particulièrement les chiffres de feux de taille dans les régions de taille personnelle*. Pour en pallier les lacunes et les imperfections, on utilise toutes les ressources possibles : tests de cohérence statistique, relevés de gabellants et de communiants, variations des baptêmes, mariages et sépultures. S'il est illusoire de prétendre arriver à un nombre précis d'habitants, du fait de la valeur inconnue du feu, il est tout à fait possible de connaître, par cette méthode, les évolutions de la population, et de comparer les données des diverses régions.

L'état civil sans reconstitution des familles

La méthode la plus simple de travail sur l'état civil consiste à effectuer des relevés anonymes des actes. Ces relevés peuvent se limiter, en fonction des résultats qu'on cherche à atteindre, aux caractéristiques des nouveaux-nés, des mariés, des décédés, etc, mais en ne tenant pas compte de leur identité. Les résultat obtenus permettent d'étudier essentiellement l'évolution globale de la natalité, de la mortalité et de la nuptialité, et de s'intéresser d'assez près à certaines caractéristiques de ces trois composantes des comportements démographiques.

Document : DES ACTES D'ETAT CIVIL

A : Un acte de mariage

« L'an mil sept cent trente sept, le quatre de novembre, après la cérémonie des fiançailles et la publication de trois bans, faite sans opposition ny empêchement, a esté par nous, prestre vicaire, fait la célébration du mariage entre Claude Tasseau, vigneron, âgé de vingt-six ans, fils de feu Marin Tasseau, aussi vigneron, et de Barbe Jeanne Gontier, ses père et mère, de cette paroisse, et Anne Hubert, âgée de vingt-deux ans, fille de Jean Hubert, journalier, et de défunte Jeanne Cacaunier, ses père et mère, demeurant à Courville, et nous leur avons donné la bénédiction nuptiale en recevant leur consentement mutuel par parolles de présent, en présence de Marin Tasseau, frère de l'époux, vigneron, de François Caron, bourgeois, son oncle, en présence aussi et du consentement dudit Jean Hubert, père de l'épouse, et de Claude Acard, marguillier de cette église, lequel avec l'époux, Marin Tasseau frère, et François Caron oncle de l'époux, a signé avec ; tous les autres ont déclaré ne scavoir signer de ce requis suivant l'ordonnance. »

B : Un acte de baptême

« Ce mardi neuviemme jour du mois de juillet de la présente année mil sept cent soixante et cinq, François Joseph Dujardin, fils d'Anne Joseph Nicolas Dujardin, plâtrier, et de Marie Catherine Devicque sa femme, ses père et mère, de cette paroisse, né d'aujourd'huy de leur légitime mariage, a esté ce dit jour baptisé par moy prestre curé de Grisy soussigné, le parrain Charles Dujardin, fils de François Marchand, plâtrier de Grisy soussigné, la marraine Marie Geneviève Devicque, fille de Philippe Devicque, laboureur du dit lieu, laquelle a déclaré ne sçavoir signer en ma présence et celle de Jean Buffé clerc soussigné. »

C : Un acte de sépulture

« Le vingt neuf d'octobre mil sept cent soixante dix, a été inhumé dans le cimetière de céans le corps de Marie Rose Pathie, décédée d'hier, âgée de cinq ans environ, fille de Jean François Pathie et de Marie Louise Richet, ses père et mère ; ont assistés à l'inhumation Jacques Gillet, parain de la déffunte, Etienne Cabart, chantre en cette paroisse, lesquels ont signé avec moy le présent acte. »

L'étude des évolutions globales

Les relevés effectués de façon anonyme permettent d'avoir un nombre annuel ou mensuel de baptêmes, de mariages et de décès, qu'on reporte sur un graphique. Préalablement à l'élaboration de celui-ci, il est souhaitable de transformer les chiffres de baptêmes en chiffres de conceptions, c'est-à-dire de décaler les données de neuf mois en arrière.

Les courbes obtenues permettent de dégager des tendances. Comme elles sont souvent très irrégulières, surtout pour la mortalité, donc d'interprétation difficile, il est intéressant de calculer des tendances, ainsi que des moyennes mobiles sur des périodes variables, par exemple de neuf ans : le chiffre de chaque année correspondra alors à la moyenne annuelle des huit années qui entourent l'année concernée et de celle-ci. Cette méthode permet de gommer, sur le graphique, les variations conjoncturelles, et de bien dégager les grandes tendances à la baisse, à la hausse, ou à la stabilité.

Il faut ensuite examiner les mouvements saisonniers des conceptions (ou des baptêmes), des mariages et des décès. En effet, leur nombre varie selon les mois, en fonction de critères divers, qui peuvent être climatiques, culturels, économiques, religieux, etc, et dont on peut ainsi mesurer l'influence relative. Pour éviter que les résultats ne soient faussés par des mouvements conjoncturels, il est nécessaire de les regrouper par périodes suffisamment longues, par exemple de trente ans, ou même davantage dans les petites paroisses. Il ne faut pas oublier de modifier le nombre des événements survenus chaque mois en fonction du nombre inégal de jours qu'ils comprennent, en les établissant sur une base de trente jours à chaque fois. Les décès d'adultes sont étudiés séparément de ceux des enfants, car obéissant à des logiques très différentes. Toutes ces données sont reportées sur des graphiques.

L'étude de la nuptialité

Plusieurs comportements démographiques liés à la nuptialité peuvent être approchés d'assez près par les seuls relevés sans reconstitution des familles. Le premier est la proportion du célibat définitif, qui varie beaucoup selon les endroits et les milieux. Comme les premiers mariages au-delà de 50 ans sont rarissimes, il suffit de calculer la proportion de célibataires parmi les personnes décédées à 50 ans et plus pour connaître l'ampleur du célibat définitif.

L'âge des premiers mariés, c'est-à-dire des individus qui se marient pour la première fois, est généralement indiqué dans les registres pa-

92

roissiaux, mais pas toujours. Quand c'est le cas, il faut calculer l'âge moyen des mariés des deux sexes, et éventuellement l'âge modal, c'est-à-dire l'âge le plus fréquemment rencontré; ces calculs, faits par périodes de dix à trente ans, permettent de montrer les évolutions de l'âge au premier mariage, qui joue un rôle fondamental dans la fécondité* des couples. Il faut ensuite classer les mariés par classes d'âges de cinq ans, et mesurer, dans la mesure du possible, l'évolution de la part de chacune de ces classes d'âges au fil des années.

Un autre apport important des relevés anonymes à l'étude de la nuptialité est l'examen des origines des mariés. L'étude précise des migrations est malheureusement impossible dans la plupart des cas, puisque les actes de mariage n'indiquent pas le lieu de naissance des mariés qui résident dans la paroisse du mariage au moment où celui-ci a lieu. On ne peut donc connaître pour l'ensemble des conjoints que le domicile pré-marital, ce qui permet de mesurer les échanges matrimoniaux entre paroisses, et de dresser des cartes qui montrent l'origine des conjoints. C'est là une donnée importante pour l'étude de la formation des couples.

L'étude de la natalité

La seule étude de détail sur la natalité permise par les relevés anonymes concerne les naissances illégitimes* et les enfants trouvés* (qui sont souvent, mais pas toujours, également illégitimes). Les uns et les autres sont enregistrés en tant que tels dans les registres paroissiaux. Il est donc possible d'en calculer la proportion par rapport aux total des naissances, et de mesurer les évolutions, ce qui est très important pour connaître les changements non seulement des comportements démographiques, mais aussi des mentalités.

L'étude de la mortalité

On pourrait avoir tendance à croire que les relevés anonymes permettent de connaître avec précision les âges au décès, et par conséquent de calculer des espérances de vie. En fait, il faut se montrer très prudent sur ce point, dans la mesure où on ne peut relever que les âges de décès des individus qui meurent dans la paroisse étudiée, et pas de ceux qui l'ont quittée plus ou moins longtemps après qu'ils y sont nés, comme les enfants mis en nourrices et décédés dans d'autres paroisses, ce qui risque donc de fausser les moyennes. Dans l'autre sens, si l'on étudie une paroisse qui reçoit des enfants mis en nourrice, on constatera une

Document : UNE COURBE DEMOGRAPHIQUE LONGUE :
Saint-Lambert-des-Levées

Goubert P., *Beauvais et le Beauvaisis de 1600 à 1730. Contribution
à l'histoire sociale de la France du XVIIe siècle*, Paris, 1960

surmortalité des jeunes enfants excessive, qui fera baisser d'autant les moyennes et qui les faussera.

En fait, la seule étude de la mortalité relativement fiable est celle de la mortalité des jeunes enfants, à condition qu'on puisse acquérir la certitude qu'ils ne sont pas mis en nourrice dans une autre paroisse; au-delà de l'âge de cinq ans, les risques d'une émigration deviennent trop grands. Dans le seul cas d'un élevage chez les parents, il est possible de calculer des quotients de mortalité néo-natale*, de mortalité infantile*, et de mortalité des enfants de moins de cinq ans. Mais il est bien certain que c'est sur l'étude précise des décédés que la méthode des relevés anonymes trouve le plus nettement ses limites.

L'état civil avec reconstitution des familles

La technique de reconstitution des familles est longue et demande une grande minutie, mais permet d'obtenir des résultats beaucoup plus approfondis que les simples dépouillements anonymes. Elle se fait en recopiant systématiquement tous les actes des registres paroissiaux, puis en remplissant une fiche par famille : on peut acheter directement des fiches imprimées à l'Institut National d'Etudes Démographiques. Ces fiches reprennent tous les éléments de la vie démographique de chaque famille. Dans le cas idéal, celui des familles dites fermées, la fiche s'ouvre sur le mariage des parents et se clôt sur le décès d'au moins l'un d'entre eux, relevant au passage les naissances et les décès des enfants, et éventuellement leurs mariages. Quand la date de décès des conjoints n'est pas connue, la fiche est dite ouverte et doit être utilisée avec précaution, dans la mesure où on peut alors supposer que le ménage a changé de domicile et que, par conséquent, certaines naissances ont pu ne pas être enregistrées.

Il est ensuite nécessaire de distinguer, parmi les fiches de familles fermées, deux catégories : les familles dites achevées*, c'est-à-dire où la mort brise le ménage avant la fin de la période de fécondité de la femme, estimée à l'âge de 45 ans, et les familles complètes*, qui ne subissent pas ce sort. Ce sont surtout les familles complètes qui permettent de connaître précisément la fécondité des ménages, mais aussi d'affiner l'analyse de la nuptialité et de la mortalité.

D'autre part, la fiche de famille inclut, dans la mesure du possible, des informations supplémentaires, dont l'intérêt dépasse le cadre strictement démographique, comme des renseignements socio-professionnels, d'autres portant sur la mobilité sociale, l'absence ou la présence de signatures.

L'analyse de la nuptialité

La reconstitution des familles ne permet pas de mieux connaître l'âge au premier mariage que les relevés anonymes; tout au contraire même, les résultats obtenus sont beaucoup moins fiables, puisque portant sur des effectifs moins importants.

Par contre, les familles reconstituées apportent des renseignements inédits dans l'examen des remariages. Elles ne permettent pas de préciser avec sûreté leur fréquence, beaucoup de remariages pouvant s'effectuer dans d'autres paroisses que celle du premier mariage. Mais, pour ceux qui ont lieu dans la même paroisse, il est possible de calculer l'intervalle entre le mariage et le remariage, et particulièrement de comparer sur ce point les situations généralement très différentes des hommes et des femmes.

La mesure de la fécondité des ménages et de la natalité

La reconstitution des familles trouve son principal intérêt dans la mesure de la fécondité des ménages et de la natalité. Elle permet d'abord de calculer les taux de fécondité. On procède en fonction des âges des épouses, réparties par tranches de 5 ans (15-19 ans, 20-24 ans, 25-29 ans, etc), divisant le nombre de naissances total de toutes les femmes pendant telle tranche d'âge par le nombre d'années qu'elles ont passé dans cette même tranche. Les taux ainsi obtenus permettent d'abord de comparer les changements de fécondité en fonction de l'âge, et aussi, si l'on segmente les mêmes calculs chronologiquement, de connaître l'évolution de la fécondité au fil des années, donc de déceler et de décrire le développement de la limitation volontaire des naissances. Les chiffres obtenus sont reportés sur des courbes, qui en facilitent la compréhension. Il est souhaitable ensuite d'affiner les observations par de nouveaux calculs de fécondité, cette fois en classant les femmes non plus en fonction de leur âge, mais d'après le temps passé depuis le mariage, la fécondité baissant au fil des années de vie conjugale.

L'étude des familles reconstituées permet aussi de connaître avec précision les descendances réelles, ce qui est particulièrement intéressant, dans les familles complètes, et de les classer en fonction du nombre d'enfants. Il est également souhaitable de calculer le temps de constitution de la famille, ainsi que l'âge à la dernière maternité et les intervalles entre les naissances, dont l'évolution peut, comme celle des taux de fécondité, permettre de déceler l'éventuel développement de la contraception. Il est possible aussi de calculer la proportion des conceptions

96

Document : UNE FICHE DE FAMILLE RECONSTITUÉE

prénuptiales, en retenant les naissances qui se sont produites dans les sept premiers mois révolus du mariage : l'évolution de leur fréquence relative est un bon témoin des changements de mentalités.

L'étude de la mortalité

La reconstitution des familles permet de connaître avec une certaine précision, limitée mais plus grande qu'avec les relevés anonymes, la mortalité des enfants, sauf en cas de mise en nourrice hors de la paroisse de domiciliation de la famille. Hors ce cas, il est facile de calculer dans les familles qui ne migrent pas la proportion d'enfants survivants à des âges choisis, par exemple un mois, un an, 5 ans, etc., tout en sachant bien que la fiabilité des résultats obtenus diminue en fonction de la hausse de l'âge choisi, du fait du risque de migration des enfants.

Il est encore beaucoup plus aléatoire d'essayer de connaître la mortalité des adultes, dans la mesure où les familles reconstituées ne sont sans doute pas représentatives de la population globale, d'abord parce qu'elles excluent, par définition, les célibataires, ensuite parce qu'elles proviennent de milieux stables, ce qui élimine les migrants. Or, rien ne prouve que célibataires et migrants connaissent la même mortalité que les individus mariés et stables.

Dans ces conditions, si les résultats obtenus grâce à la technique de la reconstitution des familles permettent de connaître en profondeur une partie des comportements démographiques des populations anciennes, ils souffrent quand même de faiblesses notables. La plus importante tient à la représentativité des familles reconstituées. Cette technique ne permet d'atteindre qu'une partie, presque toujours minoritaire, de la population ; l'exclusion inévitable des migrants s'accompagne d'une véritable différenciation sociale au détriment des catégories populaires, moins stables que les aisées, sauf exception. Il est donc nécessaire d'accumuler et d'utiliser le plus grand nombre possible de sources diverses pour arriver à des résultats fiables ; l'historien, qu'il soit débutant ou confirmé, ne doit jamais oublier cette précaution méthodologique de base : c'est de la diversité des sources utilisées, et de la critique croisée permise par cette diversité, que la vérité peut surgir.

On a donc compris l'extrême technicité des études de démographie historique. Encore n'avons-nous exposé ici que l'essentiel, passant sous silence d'autres analyses possibles, comme celle de l'effet du décès précoce d'un nouveau-né sur l'intervalle intergénésique suivant, ou encore les renseignements qu'on pourrait qualifier de « périphériques » par rapport à la démographie historique, comme le comptage des signatures dans les actes de mariage, qui permet de mesurer l'alphabétisation, ou encore le relevé des prénoms, qui fournit des indications sur les sensibilités religieuses.

Toutes ces techniques, et particulièrement la reconstitution des familles, supposent de la part des chercheurs un travail très important. Pour ne prendre qu'un seul exemple, certes exceptionnel, l'étude des comportements démographiques des Rouennais aux XVIIᵉ et XVIIIᵉ siècles, par J.-P. Bardet, a nécessité le dépouillement de 250.000 actes d'état civil, et l'établissement de près de 6.000 fiches de familles « fermées ».

La démographie urbaine pose aux chercheurs les problèmes les plus importants, du fait de l'ampleur considérable des sources à utiliser, comme le montre l'exemple rouennais. Pourtant, c'est dans ce domaine que les progrès les plus importants ont été accomplis depuis quelques années, grâce à l'utilisation de l'informatique, comme à Rouen, ou en mettant l'accent sur un seul thème, comme l'immigration à Bordeaux, ou sur une seule catégorie sociale, comme les classes populaires à Chartres. Pour gagner du temps, on aura tout intérêt à se limiter à des sondages réalisés sur une base alphabétique, par exemple en ne dépouillant que les actes qui concernent les individus dont le nom commence par la lettre B : on limitera ainsi considérablement l'ampleur des dépouillements, pour des résultats presque aussi fiables.

Il est également possible, si l'on se limite à des comptages anonymes, d'arriver assez rapidement à des résultats significatifs, même en ville. C'est surtout vrai pour l'étude des crises démographiques : une seule personne, même inexpérimentée, peut compter en quelques dizaines de minutes les actes d'un registre pendant la durée d'une crise et les quelques années qui la précèdent et qui la suivent, soit une dizaine d'années. Il est aisé, ensuite, de construire un graphique, qui permettra de montrer les étapes et le mécanisme de la crise. C'est ce type d'activité, réalisable rapidement et apportant des résultats très concrets, que nous conseillons aux professeurs de l'enseignement secondaire qui emmènent leurs élèves dans les dépôts d'archives.

Troisième partie :

Dossiers

Dossier n° 1 : quatre types de familles

Les familles françaises de l'Ancien Régime sont très diverses, beaucoup plus que les moyennes ne le suggèrent. Les quatre exemples de ménages qui sont présentés ici le montrent. Ces familles ont été reconstituées grâce au dépouillement de registres paroissiaux* : il a d'abord permis la réalisation de « fiches de famille », comme celle qui est reproduite dans le chapitre sur « l'initiation à la recherche », puis l'établissement de tableaux qui résument l'histoire démographique des quatre ménages. Ces tableaux sont commentés successivement ici.

La famille n° 1, le ménage Vivien, est caractérisée par une fécondité moyenne et par une grande longévité, qui lui permet d'avoir un nombre d'enfants important. Cet exemple permet d'une part de montrer une fécondité « normale » pour l'époque, d'autre part d'insister sur l'importance considérable de la mortalité sur la taille des descendances réelles, par le biais des décès des enfants.

Jacques Vivien et Madeleine Brayon se sont mariés en 1719. Le nouvel époux a 29 ans, soit à peine plus que l'âge moyen au mariage. La nouvelle épouse n'a que dix-huit ans, ce qui est inférieur de sept ou huit ans à l'âge moyen. Tous deux sont issus de familles de vignerons (c'est l'homogamie*), et originaires de la même paroisse, Saint-Chéron en Beauce (c'est l'endogamie*).

L'union a duré 27 ans et cinq mois ; elle a été brisée en 1740 par la mort de l'époux, à 56 ans. Sa femme était féconde pendant presque toute la durée du mariage, puisqu'elle n'avait que 45 ans à la mort de son mari. Elle lui a survécu pendant vingt-deux ans ; elle est décédée en 1768, à 67 ans. Le ménage aurait pu avoir, en théorie, plus de vingt enfants ; il en a eu onze dont trois filles et huit garçons, soit deux fois plus que la moyenne des ménages français à la même époque.

Famille n° 1 :

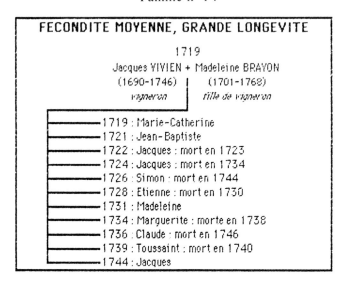

FECONDITE MOYENNE, GRANDE LONGEVITE

1719
Jacques VIVIEN + Madeleine BRAYON
(1690-1746) | (1701-1768)
vigneron | *fille de vigneron*

- 1719 : Marie-Catherine
- 1721 : Jean-Baptiste
- 1722 : Jacques : mort en 1723
- 1724 : Jacques : mort en 1734
- 1726 : Simon : mort en 1744
- 1728 : Etienne : mort en 1730
- 1731 : Madeleine
- 1734 : Marguerite : morte en 1738
- 1736 : Claude : mort en 1746
- 1739 : Toussaint : mort en 1740
- 1744 : Jacques

La différence entre les possibilités théoriques et la descendance réelle s'explique par un rythme de fécondité seulement biannuel, un peu plus rapide que la norme de l'époque. Si le premier enfant naît neuf mois après le mariage, les naissances suivantes se succèdent d'abord tous les vingt mois pour les enfants de rangs deux, trois et quatre, puis tous les 24 à 25 mois pour les enfants de rangs cinq, six et sept, puis tous les 30 mois pour les enfants de rangs huit, neuf et dix, la onzième naissance ne survenant que 63 mois après la dixième.

Le rythme biannuel des naissances s'explique probablement par la pratique de l'allaitement des nourrissons, qui rend momentanément stériles les trois quarts des femmes, et qui ralentit la fréquence des conceptions. L'allongement progressif des intervalles intergénésiques est classique ; il peut être dû à la diminution de la fréquence des rapports sexuels au fil des années, ainsi qu'à des raisons physiologiques ; c'est surtout net pour la dernière naissance. Madeleine Brayon a son onzième enfant à 43 ans, ce qui montre qu'elle est restée féconde longtemps, pendant 25 ans, jusqu'à l'âge normal de la ménopause.

Sur les onze enfants du ménage, trois seulement arrivent à l'âge adulte, soit 27 %, ce qui est inférieur de moitié aux moyennes. Des sept enfants morts en bas âge, deux décèdent au cours de leur première année, deux au cours de l'année suivante, les trois autres respectivement à trois, neuf et dix-sept ans. La petite enfance est donc la période la plus mortifère. Les parents reportent parfois le prénom d'un enfant décédé sur le nouveau-né suivant, preuve que les jeunes morts sont vite oubliés; c'est ici le cas de « Jacques », qui est déjà le prénom du père, et qui sert successivement aux enfants de rangs trois, quatre et onze.

La famille n° 2, le ménage Lefloc, est marquée par une fécondité importante et par une faible longévité, la première caractéristique compensant la seconde, ce qui permet à ce ménage d'avoir autant d'enfants que la famille n° 1, en un temps beaucoup moins long. Cet exemple permet d'une part de montrer une fécondité presque « naturelle », certes minoritaire à l'époque, mais pas rarissime cependant, d'autre part d'insister de nouveau sur l'influence de la mort quant à la taille des descendances réelles, non seulement par le biais de la mortalité des enfants, mais aussi, à la différence de la famille précédente, par celle des parents.

Famille n° 2 :

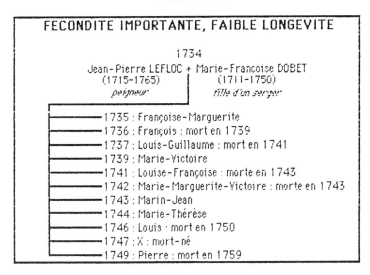

Jean-Pierre Lefloc et Marie-Françoise Dobet se sont mariés en 1734. Le nouvel époux a dix-neuf ans, soit sept à huit ans de moins que la moyenne. L'âge de la nouvelle épouse est de 23 ans, ce qui est un peu inférieur à l'âge moyen. Il s'agit donc d'un couple jeune, où le mari est moins âgé que la femme, ce qui est le cas de moins d'un cinquième des ménages. Les deux époux sont issus de familles d'artisans du textile, peigneurs pour le mari, sergers pour la femme, et demeurent dans la même paroisse, Saint-Hilaire de Chartres.

L'union a duré seize ans; elle a été brisée en 1750 par la mort de l'épouse, à 39 ans. Son mari lui a survécu quinze ans; il est décédé en 1765, à 50 ans. Toute l'union s'est donc passée en période de fécondité théorique de la femme. Onze enfants sont nés, dont cinq filles et cinq garçons, ainsi qu'un enfant mort-né dont le sexe n'est pas connu, soit deux fois plus que la moyenne des ménages français à la même époque, et presque autant que les possibilités théoriques naturelles.

Cette fécondité quasi-maximale s'explique par un rythme de grossesses presque annuel, nettement supérieur aux habitudes de l'époque. Le premier enfant naît douze mois après le mariage. Les naissances suivantes se succèdent d'abord tous les douze mois pour les enfants de rangs deux et trois, puis tous les 22 ou 26 mois pour les enfants de rangs quatre et cinq, puis tous les quatorze mois pour les enfants de rangs six, sept, huit et neuf, enfin après 21 et 24 mois pour les deux derniers enfants.

Le rythme rapide des grossesses s'explique très probablement par la pratique de la mise en nourrice des nouveaux-nés : ainsi, la mère n'est pas rendue momentanément stérile par la pratique de l'allaitement, et se retrouve enceinte peu de temps après chaque accouchement. Il est possible aussi qu'elle ne pratique pas la mise en nourrice, mais qu'elle fasse partie de la minorité de femmes chez lesquelles l'allaitement n'entraîne aucune stérilité. L'allongement des deux derniers intervalles intergénésiques est classique, et a été expliqué à propos de la famille n° 1. L'allongement des intervalles qui précèdent les naissances quatre et cinq est plus étonnant; il peut être dû des fausses couches, qui ne sont évidemment pas répertoriées dans les registres paroissiaux.

Sur les onze enfants du ménage, quatre seulement arrivent à l'âge adulte, soit 36 %, ce qui est inférieur aux moyennes. Sur les six enfants morts en bas âge, un est mort-né, quatre décèdent entre un et cinq ans, le dernier meurt à neuf ans. Comme dans la famille n° 1, la petite enfance est une période extrêmement mortifère. Ici, les parents ne reportent pas le prénom d'un enfant mort sur le nouveau-né suivant; mais l'enfant mort-né n'a pas droit à un prénom, conformément aux habitudes de l'époque.

La taille de la descendance est diminuée non seulement par la mortalité des enfants, mais aussi par celle de la mère. Le couple est, en effet, brisé précocement, avant la fin de la période de fécondité de l'épouse. Madeleine Brayon a son dernier enfant à 38 ans, et meurt cinq semaines après l'accouchement, très probablement des suites de celui-ci. Son temps de fécondité passé en période de mariage a donc été amputé en amont par son âge au mariage, en aval par son propre décès; sa mort précoce a diminué le nombre de ses enfants potentiels d'au moins trois ou quatre.

La famille n° 3, le ménage Leroy, est caractérisée par une fécondité inférieure à la moyenne et par une longévité faible, d'où une descendance beaucoup moins importante que celle des deux familles précédentes. Cet exemple permet d'une part de montrer une certaine pratique de la contraception, d'autre part d'insister encore sur l'influence de la mort sur l'ampleur des descendances, enfin de donner un exemple de remariage très rapide.

Famille n° 3 :

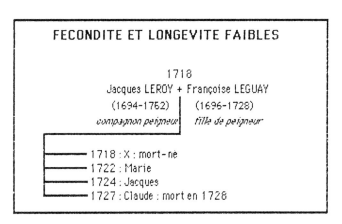

Jacques Leroy et Françoise Leguay se sont mariés en 1718. Le nouvel époux a 24 ans, et l'épouse a 22 ans, soit chacun deux à trois ans de moins que la moyenne. L'écart entre l'âge du mari et celui de l'épouse est classique. Tous deux sont issus du même milieu, celui des peigneurs de laine, et demeurent dans la même paroisse.

L'union n'a duré que dix ans et demi; elle a été brisée en 1728 par la mort de l'épouse, à 32 ans. Son mari lui a survécu 34 ans; il est décédé en 1762, à 68 ans. Tout le mariage s'est passé en période de fécondité théorique de la femme. Pendant cette période, le couple aurait pu avoir près de dix enfants; il n'en a eu que quatre, dont une fille, deux garçons, et un enfant mort-né dont le sexe n'est pas connu, soit un peu moins que la moyenne des ménages français à la même époque, et surtout beaucoup moins que les possibilités théoriques.

Cette fécondité assez peu importante s'explique par un rythme de grossesses lent, nettement inférieur aux habitudes de l'époque. Le premier enfant naît neuf mois seulement après le mariage, mais il est mort-né. On aurait pu s'attendre à une seconde naissance très rapide, puisqu'il n'y a pas d'allaitement ; or, il n'en est rien. Les intervalles suivants varient entre 30 et 42 mois, ce qui dépasse largement les conséquences de l'allaitement sur la fécondité, qui n'excèdent que rarement un an. Il s'agit donc probablement d'un couple qui limite volontairement la taille de sa descendance, en espaçant la fréquence des naissances.

Françoise Leguay n'a pas atteint l'âge de la ménopause, puisqu'elle est morte à 32 ans, dix-huit mois après la naissance de son dernier enfant. Son décès est donc sans rapport avec un accouchement. Le temps de fécondité passé en période de mariage a été amputé en amont par son âge au mariage, et beaucoup plus nettement en aval par celui de son propre décès. Mais cette mort précoce n'est qu'une des causes du nombre relativement faible de ses enfants ; l'autre cause tient peut-être à une volonté contraceptive.

Sur les quatre enfants du ménage, deux seulement arrivent à l'âge adulte, soit 50 %, ce qui est conforme aux moyennes. Sur les deux enfants morts en bas âge, un est mort-né, un décède pendant sa deuxième année. Comme dans les deux familles précédentes, la petite enfance est encore la période la plus mortifère. Comme dans la famille n° 2, l'enfant mort-né n'a pas droit à un prénom, conformément aux habitudes de l'époque.

Jacques Leroy se remarie deux mois, jour pour jour, après le décès de sa première épouse, avec Pantaléone Legoux, elle aussi fille de peigneur et domiciliée dans la même paroisse. Si le délai est court, il n'a rien d'exceptionnel : il faut bien que quelqu'un s'occupe des enfants et de la maison. Le mariage est, avant tout, une nécessité sociale et économique.

La famille n° 4, le ménage Rossignol, est caractérisée par une fécondité supérieure à la moyenne pendant les premières années de son union, puis par un arrêt précoce, et probablement volontaire, de toute conception. D'où une descendance relativement faible, malgré une grande longévité. Cet exemple permet de montrer une fécondité totalement maîtrisée, et d'illustrer ainsi la diminution de la taille des descendances au XVIIIe siècle. Comme dans les trois exemples précédents, les conséquences de la mortalité des enfants sont très importantes.

Jacques Rossignol et Marie-Anne Brossier se sont mariés en 1742, à 27 et 24 ans, soit aux âges moyens. Tous deux sont issus du même milieu de petits exploitants agricoles suburbains, celui des jardiniers, et demeurent dans la même paroisse.

Famille n° 4 :

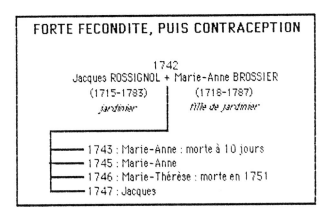

L'union a duré 41 ans, ce qui est exceptionnel à l'époque; elle a été brisée en 1783 par la mort de l'époux, à 68 ans. Sa femme lui a survécu quatre ans; elle est décédée en 1787, à 69 ans. Elle a passé une vingtaine d'années de mariage en période de fécondité. Pendant cette période, le couple aurait pu avoir un très grand nombre d'enfants, près de vingt avec une fécondité « naturelle », près d'une dizaine avec une fécondité moyenne; il n'en a eu que quatre, dont trois filles et un garçon, soit un peu moins que la moyenne des ménages français à la même époque, et beaucoup moins que les possibilités théoriques.

Cette fécondité assez peu importante s'explique par un arrêt précoce de toute conception, dû probablement à une volonté consciente de limitation des naissances. La fécondité du ménage est importante pendant les premières années. Le premier enfant naît douze mois après le mariage. Les intervalles suivants varient entre treize et dix-neuf mois; ils sont donc plus courts d'un an que les intervalles moyens habituels. Puis, après quatre naissances, Marie-Anne Brossier cesse d'enfanter à l'âge de 32 ans, dix ans au moins avant la ménopause. Même si l'hypothèse d'une stérilité accidentelle ne peut être écartée, il est assez probable qu'on se trouve ici devant un cas d'arrêt volontaire des conceptions, une fois atteint un nombre d'enfants considéré comme souhaitable. Ce type d'attitude devant la procréation devient de plus en plus fréquent au cours du XVIIIe siècle. La stratégie de contrôle des naissances employée ici est différente de celle du ménage n° 3.

Sur les quatre enfants du ménage, deux seulement arrivent à l'âge adulte, soit 50 %. Sur les deux enfant morts en bas âge, l'un meurt dix jours après sa naissance, l'autre décède à l'âge de cinq ans, donc tous les deux pendant leur petite enfance. Comme dans la famille n° 1, le prénom de l'enfant mort prématurément, Marie-Anne, est reporté sur son puîné.

Les quatre exemples présentés ne sont pas exhaustifs. La variété des situations réelles est encore plus grande. Tous les cas de figure possibles sont envisageables. Ils peuvent être retrouvés par la pratique des registres paroissiaux et de la reconstitution des familles.

Nos quatre familles permettent cependant de présenter concrètement les permanences et les évolutions majeures des habitudes démographiques des familles d'Ancien Régime, tout en n'oubliant pas certaines pratiques minoritaire ou tardives. Elles permettent également d'insister sur le rôle fondamental de la mort, qui brise précocement une grande partie des couples, et qui détruit une part très importante des descendances.

Dossier n° 2 : trois types de crises démographiques

Comme les familles, les crises démographiques ne se ressemblent pas toutes. Elles se distinguent essentiellement par leur intensité. Celle-ci peut être mesurée par l'écart du nombre des décès entre l'année considérée, et la moyenne des cinq années précédentes et des cinq années suivantes, l'indice 100 correspondant à cette moyenne. Il n'y a « crise démographique » que lorsque l'indice est supérieur à 200. Lorsqu'il est inférieur, il s'agit seulement d'une « démographie de crise », voire d'une simple « surmortalité ».

Ces trois degrés de crises vont être présentés ici successivement par des exemples concrets, sous la forme de graphiques commentés. Pour le premier, la « crise démographique », surtout caractéristique des XVIe et XVIIe siècles, nous présentons l'exemple de Beaufort, en Anjou, en 1661-1662. Quant à la « démographie de crise » et à la simple « surmortalité », fréquentes surtout au XVIIIe siècle, elles seront illustrées par deux exemples pris dans la même ville, Chartres.

La crise démographique de type classique peut être illustrée par l'exemple de Beaufort, petite ville d'Anjou peuplée d'environ 3.000 habitants, en 1661-1662. Les courbes de décès, de conceptions et de mariages, sont ici dressées trimestriellement, de 1660 à 1664.

La hausse de la mortalité commence à l'été 1661, et atteint son maximum à la fin de l'année. Les chiffres de décès se trouvent multipliés par six pendant les trois derniers mois de l'année : l'indice 200 est donc largement dépassé. Le nombre des décès se maintient à un niveau double de la moyenne pendant l'année 1662, pour redevenir normal l'année suivante. En même temps que l'énorme augmentation du nombre des décès, on observe un effondrement des conceptions et des mariages.

Lebrun (F.), *Les hommes et la mort en Anjou aux XVIIe et XVIIIe siècles,*
Paris, 1971

La crise de 1661-1662 : décès, mariages et conceptions à Beaufort

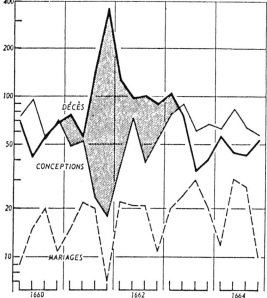

Ainsi, pendant le quatrième trimestre de l'année 1661, les conceptions
tombent de 70 en moyenne à 18, ce qui correspond à une chute des trois
quarts. La baisse du nombre des mariages est encore plus nette.

La crise démographique est donc caractérisée par la violence de ses
manifestations, qui se traduit par la multiplication des chiffres habituels,
ainsi que par sa globalité, puisque sépultures, conceptions et mariages
sont pareillement touchés. Le quart de la population de Beaufort disparaît en quelques mois. Mais la récupération s'amorce rapidement. Dès
1663, le nombre des mariages et celui des conceptions augmentent
beaucoup; veufs et veuves convolent en grand nombre.

Comment s'expliquent ces phénomènes ? La crise de 1661-1662 en
Anjou voit coexister une crise de subsistances et une série d'épidémies.
Celles-ci amorcent la hausse de la mortalité pendant l'été 1661; la
population est touchée par toute une série de maladies, comme la

rougeole, la scarlatine, la variole, la dysenterie. A l'automne, suite aux mauvaises récoltes, la disette commence à s'installer, avec un quadruplement des prix des grains; elle affaiblit les organismes, ce qui augmente l'impact des maladies, donc la mortalité, qui part en flèche, et qui se maintient à un haut niveau pendant plus d'un an. L'effondrement simultané des conceptions est la conséquence directe de la misère physiologique, qui entraîne, chez la plupart des femmes, une aménorrhée; il ne semble pas que l'affaiblissement des fonctions génitales puisse être incriminé. Quant à la baisse des mariages, elle s'explique par le fait que des couples de fiancés sont brisés précocement par la mort; d'autre part, beaucoup attendent des temps meilleurs pour convoler, ce qu'ils font une fois la crise terminée.

La mortalité de crise est une crise démographique atténuée. Elle peut être illustrée par l'épisode démographique que connaît la ville de Chartres en 1709-1710. C'est une crise d'ampleur transitoire entre les catastrophes du XVIIe siècle, et les simples surmortalités du XVIIIe siècle. Les courbes de décès sont ici dressées mensuellement.

Chartres compte près de 16.000 habitants en 1709. La mortalité de 1709-1710 s'y concentre en deux poussées des décès, de durées très inégales : janvier 1709, et octobre 1709 à octobre 1710. La brusque surmortalité de janvier 1709 correspond à un doublement des moyennes habituelles : 105 décès, contre une cinquantaine en temps normal. Pendant ce mois, les âges des décédés sont très élevés : on enterre surtout des septuagénaires, et même quelques octogénaires.

Les sépultures augmentent de nouveau, des deux tiers en moyenne, à partir d'octobre 1709, et ne redescendent à un niveau normal qu'un an plus tard. La structure d'âges des décédés est conforme aux moyennes habituelles. Cette seconde poussée de surmortalité, cumulée sur treize mois successifs, donne un nombre de morts important.

Les caractères de la crise sont donc différents de ceux de l'exemple n° 1. On assiste à un gonflement, sur une durée assez longue, puisqu'elle est supérieure à un an, du nombre normal des décès. Mais cette hausse est limitée, puisqu'elle n'excède pas, au pire, le double des chiffres normaux. Elle ne fait fait qu'amplifier les phénomènes habituels de mortalité, frappant surtout des vieillards en hiver, des enfants en été. De plus, si le nombre des mariages diminue un peu, et connaît une récupération en 1711, le mouvement des conceptions est très peu affecté. La crise naît ici de la durée de la surmortalité, et pas de sa violence. C'est ce qu'on appelle la « mortalité de crise ». C'est pourquoi, bien que le total des morts chartrains de 1710 soit le plus important du siècle dans cette ville, il reste nettement en dessous des chiffres atteints pendant

113

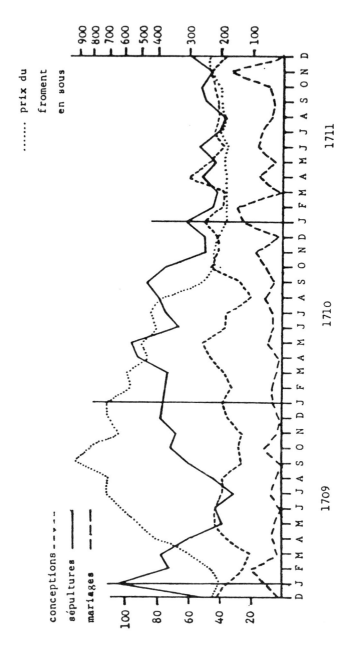

Graphique n° 2 :

Garnot (B.), *Un déclin : Chartres au XVIIIe siècle*, Paris, 1991.

certaines crises du XVIIe siècle, et reste inférieur à l'indice 200 ; la ville enterre cette année-là 894 corps, la moyenne annuelle sur l'ensemble du XVIIIe siècle étant de 518 : l'excédent de 1710 n'est que de 72 %.

A quoi est due cette mortalité ? Le « grand hiver » de 1709 est resté longtemps dans les mémoires. Le froid terrible est à l'origine des décès de vieillards de janvier 1709. Il entraîne ensuite de graves problèmes céréaliers ; pas très loin de Chartres, le curé de la paroisse du Gault-en-Beauce s'en fait l'écho sur son registre paroissial : « l'an 1709, l'hiver fut si rude, la gelée si forte et les faux dégels si fréquents que les bleds, les vignes, les arbres furent gelés jusqu'à la racine et perdus entièrement. Cette désolation générâlle a causé une cherté excessive du pain et du vin ... ce qui causa une misère épouvantable et une famine générâlle, qui fut suivie, l'année suivante, de maladies contagieuses ... » Le parallélisme entre la montée des prix du blé et celle des sépultures est net. Le prix du froment-marchand passe de 200 sous par minot (un minot = 3,16 décalitres) en janvier 1709, à 900 sous en septembre, soit plus qu'un quadruplement ; il redescend ensuite lentement, pour ne retrouver un niveau normal qu'un an après. Or, la montée de la courbe des sépultures est parallèle à celle des prix, avec un décalage de quelques mois. Il est donc indéniable que la sous-alimentation a favorisé la hausse de la mortalité, non pas en tuant directement, mais en affaiblissant les organismes, qui résistent alors difficilement aux maladies.

La surmortalité simple est une mortalité de crise atténuée, assez caractéristique du XVIIIe siècle. Chartres en connaît une en 1737-1740.

La surmortalité de 1737-1740 est assez complexe. Sur un fonds de lente augmentation des prix du blé, insuffisante cependant pour entraîner une famine, plusieurs pointes de mortalité se succèdent : décembre 1737 à février 1738, août-septembre 1738, petites hausses en janvier, en mars et en avril 1739, puis hausse un peu plus importante de juin à novembre, enfin brusque et éphémère montée de la courbe en mars 1740. Les conceptions et les mariages restent stables, à l'exception d'une très légère dépression pendant l'été 1739, peut-être due à d'autres causes. Compte tenu des saisons, on s'attendrait à une forte proportion de mortalité des vieillards, et à des taux relativement bas pour les enfants ; or, il n'en est rien : les décédés en bas âge constituent les trois quarts des totaux pendant l'hiver 1738, et deviennent beaucoup moins fréquents pendant l'été, comme si la mort avait déjà fait son choix parmi eux pendant l'hiver.

Le nombre total des décès est, en 1738, de 735, et de 721 en 1739 : ils sont donc supérieurs de 41 % et de 39 % aux moyennes, ce qui reste important, mais beaucoup moins qu'en 1710, et surtout que lors des crises du XVIIe siècle. Dans le détail, il ne se produit ni poussée très violente

116

Graphique n° 3 :

Garnot (B.), *Un déclin : Chartres au XVIIIe siècle*, Paris, 1991.

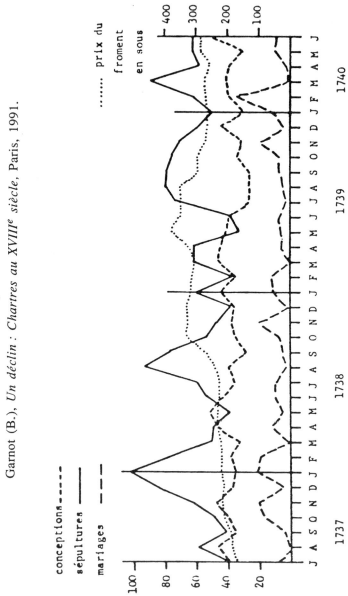

de mortalité, comme dans une crise démographique classique, ni longue période de surmortalité, comme en période de démographie de crise, mais des accidents éphémères, sur un à quatre mois ; de plus, ces hausses sont d'ampleur relativement modérée, puisqu'elles sont toujours inférieures au doublement des moyennes mensuelles de décès. Quant aux conceptions et aux mariages, ils ne sont presque pas, ou pas du tout, affectés.

A quoi est due cette surmortalité ? Elle a frappé une bonne partie du royaume, avec un déroulement complexe, où épidémies et crises de subsistance s'entremêlent. Seules les épidémies semblent avoir sévi à Chartres, puisque la hausse du prix du blé est faible. Ainsi, le printemps 1740, qui faisait suite à un hiver très rigoureux, est caractérisé par une grave épidémie de forme broncho-pulmonaire, qui a surtout frappé les personnes âgées. Il est donc indéniable que la hausse de la mortalité n'est aucunement due ici à la sous-alimentation, mais seulement à des accidents climatiques, qui ont favorisé le développement des maladies et des épidémies.

Les trois types de crises qui ont été présentés ne couvrent pas toutes les causes possibles de surmortalité. Il existe des mortalités d'origine uniquement épidémique, d'autres purement frumentaires. Mais, dans la majorité des situations, maladie et disette s'épaulent, ce qui est le cas des deux premiers exemples commentés.

Il est d'ailleurs très souvent impossible de discerner les origines précises des crises étudiées, faute de documents. Seules apparaissent avec netteté, à condition qu'existent des registres paroissiaux bien tenus, leurs conséquences strictement démographiques, dont l'intensité varie. Ces variations d'intensité permettent de distinguer trois modèles, dont les exemples commentés plus haut présentent des illustrations.

LEXIQUE

aides : impôts de consommation.

aménorrhée : arrêt provisoire de l'ovulation.

archidiacre : ecclésiastique investi par l'évêque de son pouvoir sur une partie des cures de son diocèse.

bacille de Yersin : agent pathogène de la peste, isolé en 1894 par le médecin français d'origine suisse Yersin.

bans : proclamations publiques.

bénéfice : bien attribué à un ecclésiastique.

bilan migratoire : solde des immigrants et des émigrants.

bilan naturel : solde des naissances et des décès.

cahier de doléances : cahiers rédigés par les électeurs à l'occasion de la convocation d'Etats Généraux, et contenant leurs doléances et leurs vœux.

capitation : impôt direct, créé à la fin du XVIIᵉ siècle, payé théoriquement par tous les Français.

charivari : chahut à l'occasion du remariage d'un veuf, ou d'une veuve, avec une personne plus jeune.

compagnon : ouvrier.

compois ou **compoix :** sortes de cadastres, répandus surtout en Languedoc.

Contrôleur général : équivalent de notre ministre des finances à partir de 1661.

crise démographique : voir le chapitre 4.

démographie : étude de la population.

dénombrement : comptage des habitants d'un lieu.

douaire : jouissance accordée à la femme survivant à son mari d'une partie des biens de celui-ci.

élection : circonscription territoriale fiscale, pour la perception de la taille (voir ce mot).

endogamie : mariage entre individus originaires du même lieu.

enfants abandonnés : enfants laissés par un ascendant du premier degré (père ou mère) dans les mains d'une tierce personne ou dans un hôpital.

enfants illégitimes : enfants nés d'une union durable (concubinage), passagère (passade) ou momentanée (viol) entre un homme et une femme non mariés.

enfants trouvés : enfants laissés sur la voie publique (rues, portes d'églises, ...) de manière le plus souvent anonyme.

exogamie : mariage entre individus originaires de lieux différents.

famille achevée : famille dont au moins l'un des conjoints meurt avant que la femme n'est atteint l'âge de la ménopause.

famille complète : famille dont tous les événements démographiques sont connus au moins jusqu'à l'âge de fin de fécondité de la femme.

famille conjugale (ou nucléaire) : famille limitée aux parents et aux enfants mineurs.

famille élargie : famille comprenant un couple, ses enfants et un descendant, ou un ascendant, ou un collatéral.

fécondité : capacité à se reproduire.

feu : foyer fiscal.

gabelle, grande gabelle : impôt du sel; les régions de grande gabelle étaient celles qui payaient la plus forte gabelle.

généralité : circonscription financière, devenue une circonscription administrative dirigée par un intendant (voir ce mot).

homogamie : mariage entre individus de même niveau social.

hypergamie : mariage avec un individu d'un niveau social plus élevé.

illégitimité : voir « enfants illégitimes ».

intendant : représentant du roi dans une généralité, avec des pouvoirs très étendus.

journalier : ouvrier agricole.

laboureur : noms des paysans aisés dans certaines régions.

ménage : groupe de personnes vivant en commun, soit sous l'autorité d'un même chef, soit dans le même logement.

ménage multiple : ménage formé de plusieurs couples, liés par des liens d'ascendance, de descendance ou de collatéralité.

mercuriale : prix des grains.

mortalité infantile : mortalité des enfants de moins d'un an.

mortalité juvénile : mortalité des enfants jusqu'à quinze ans.

mortalité néo-natale : mortalité des enfants de moins d'un mois.

obstétrique : art des accouchements.

officialité : tribunal ecclésiastique.

paroisse : circonscription ecclésiastique de base, qui est aussi une circoncription administrative.

pays d'Etats : provinces possédant des Etat provinciaux, chargés de consentir les impôts.

pouillé : dénombrement des bénéfices (voir ce mot) d'un diocèse.

registres paroissiaux : registres dans lesquels les curés notent les baptêmes, les mariages et les sépultures (voir la seconde partie : « Initiation à la recherche »).

rôle : registre, liste.

subdélégué : délégué d'un intendant, dans le cadre d'une élection (voir ces mots).

taille : principal impôt direct. La taille était « personnelle », c'est-à-dire fondée en théorie sur les revenus réels, dans une grande partie du royaume, à l'exception des provinces périphériques et du Midi.

BIBLIOGRAPHIE SOMMAIRE

Nous ne présentons ici qu'une sélection courte, mais amplement suffisante pour une bonne connaissance de la question, d'ouvrages qui traitent entièrement ou partiellement de l'histoire de la population française pendant l'Ancien Régime. Ces livres sont classés en plusieurs rubriques. En cas de besoin, on trouvera dans la plupart de ces ouvrages, et particulièrement dans les plus récents, des bibliographies très détaillées.

Principales sources imprimées ou publiées

Saugrain, *Dénombrement du royaume*, Paris, 1709
Saugrain, *Nouveau dénombrement du royaume*, Paris, 1720
Expilly (abbé d'-), *Dictionnaire géographique, historique et politique des Gaules et de la France*, Paris, 1762-1770
Paroisses et communes de France. Dictionnaire d'histoire administrative et démographique, Paris, C.N.R.S. (une vingtaine de volumes parus, chacun consacré à un département et fournissant toutes les données démographiques existantes)

Etudes de synthèse sur la natalité, la nuptialité et la mortalité

Armengaud (A.), *La famille et l'enfant en France et en Angleterre du XVIe au XVIIIe siècle, aspects démographiques*, Paris, 1975
Biraben (J.-N.), *Les hommes et la peste en France et dans les pays européens et méditerranéens*, Paris-La Haye, 1975-1976

Dupâquier (J.), *La population française aux XVIIe et XVIIIe siècles*, Paris, 1979

Dupâquier (J.), *Histoire de la population française* t. 2, Paris, 1988

Lachiver (M.), *Les années de misère. La famine au temps du Grand Roi,* Paris, 1991.

Lebrun (F.), *La vie conjugale sous l'Ancien Régime*, Paris, 1975

Lebrun (F.), « Les crises démographiques en France aux XVIIe et XVIIIe siècles », *Annales E.S.C.,* 1980, n° 2, p. 205-234.

Lebrun (F.), *Se soigner autrefois. Médecins, saints et sorciers aux XVIIe et XVIIIe siècles,* Paris, 1983

Vovelle (M.), *Mourir autrefois*, Paris, 1974

Monographies paroissiales ou régionales de démographie historique

Bouchard (G.), *Le village immobile, Sennely en Sologne au XVIIIe siècle,* Paris, 1971

Charbonneau (H.), *Tourouvre-au-Perche aux XVIIe et XVIIIe siècles, étude de démographie historique,* Paris, 1970

Croix (A.), *Nantes et le pays Nantais au XVIe siècle, étude démographique,* Paris, 1974

Dupâquier (J.), *La population rurale du Bassin parisien à l'époque de Louis XIV,* Paris, 1979

Lachiver (M.), *La population de Meulan du XVIIe au XIXe siècle (vers 1600-1870), étude de démographie historique,* Paris, 1969

Poussou (J.-P.), *L'immigration bordelaise,* Paris, 1983

Sangoi (J.-C.), *Démographie paysanne en Bas-Quercy 1751-1872. Familles et groupes sociaux,* Paris, 1985

Etudes d'histoire régionale ou urbaine, faisant une large part à la démographie historique

Baehrel (R.), *Une croissance : la Basse-Provence rurale (fin du XVIe siècle-1789),* Paris, 1961

Bardet (J.-P.), *Rouen aux XVIIe et XVIIIe siècles. Les mutations d'un espace social,* Paris, 1983

Couturier (M.), *Recherches sur les structures sociales de Châteaudun, 1525-1789,* Paris, 1969

Croix (A.), *La Bretagne aux XVIe et XVIIe siècles. La vie, la mort, la foi*, Paris, 1981

Garden (M.), *Lyon et les Lyonnais au XVIIIe siècle*, Paris, 1970 (disponible en édition de poche abrégée)

Garnot (B.), *Un déclin : Chartres au XVIIIe siècle*, Paris, 1991.

Goubert (P.), *Beauvais et le Beauvaisis de 1600 à 1730. Contribution à l'histoire sociale de la France du XVIIe siècle*, Paris, 1960 (disponible en édition de poche abrégée)

Jacquart (J.), *La crise rurale en Ile-de-France, 1550-1670*, Paris, 1974

Lachiver (M.), *Vin, vigne et vignerons en région parisienne du XVIIe au XIXe siècle*, Pontoise, 1982

Lebrun (F.), *Les hommes et la mort en Anjou aux XVIIe et XVIIIe siècles. Essai de démographie et de psychologie historiques*, Paris-La Haye, 1971 (disponible en édition de poche abrégée)

Molinier (A.), *Stagnations et croissance. Le Vivarais aux XVIIe-XVIIIe siècles*, Paris, 1985

Perrot (J.-C.), *Genèse d'une ville moderne. Caen au XVIIIe siècle*, Paris, 1975

Problèmes et débats actuels

Bideau (A.), « Les mécanismes autorégulateurs des populations traditionnelles », *Annales E.S.C.*, 1983, n° 5, p. 1040-1057

Eiras Roel (A.), « Modèle ou modèles de démographie ancienne ? Un résumé comparatif », *La France d'Ancien Régime. Etudes réunies en l'honneur de Pierre Goubert*, Paris, 1984, p. 249-258

Knodel (J.), « Espacement des naissances et planification familiale », et Dupâquier (J.) et Lachiver (M.), « Du contresens à l'illusion technique, suivi d'une réponse de John Knodel à Jacques Dupâquier », *Annales E.S.C.*, 1981, n° 3, p. 473-494

Perrenoud (A.), « Le biologique et l'humain dans le déclin séculaire de la mortalité », *Annales E.S.C.*, 1985, n° 1, p. 111-134

Poton (D.), « Les protestants de Saumur au XVIIe siècle, étude démographique », *Saumur, capitale européenne du protestantisme – 3e cahier de Fonteuraud*, 1991, p. 11-25.

Principales revues spécialisées

Les revues *Annales de Démographie Historique* et *Population*

Guides pour la recherche

Henry (L.), *Techniques d'analyse en démographie historique,* Paris, 1980
Dupâquier (J.), Lachiver (M.), Lebrun (F.), « La démographie historique
à l'école » *Historiens et Géographes,* 1982, n° 289, p. 887-912

124

TABLE DES MATIERES

IMPRIMERIE LOUIS-JEAN   Dépôt légal : 95 — Février 1992